Schriften des Betriebs-Beraters
Band 84

Arbeitszeitflexibilisierung
Die Unternehmen und ihre Modelle

von

Professor Dr. Karl Linnenkohl
Universität-Gesamthochschule Kassel

Dr. Hans-Jürgen Rauschenberg
Richter am Arbeitsgericht Suhl

Dr. Christine Gressierer
Consult

und

Dr. Regina Schütz
Dozentin

4., neubearbeitete Auflage 2001

Verlag Recht und Wirtschaft GmbH
Heidelberg

Die Deutsche Bibliothek – CIP-Einheitsaufnahme

Arbeitszeitflexibilisierung : die Unternehmen und ihre Modelle / von Karl Linnenkohl .... 4., neubearb. Aufl. – Heidelberg : Verl. Recht und Wirtschaft, 2001

(Schriften des Betriebs-Beraters ; Bd. 84)

ISBN 3-8005-3063-5

ISBN 3-8005-3063-5

Satzkonvertierung: Lichtsatz Michael Glaese GmbH, 69502 Hemsbach

Druck und Verarbeitung: Wilhelm & Adam, Werbe- und Verlagsdruck GmbH, 63150 Heusenstamm

♾ Gedruckt auf säurefreiem, alterungsbeständigem Papier, hergestellt aus chlorfrei gebleichtem Zellstoff (TCF-Norm)

Printed in Germany

Vorwort zur vierten Auflage

Das Konzept, das der Darstellung des Themas zugrunde liegt, haben die Autoren bei der Bearbeitung der vierten Auflage abgewandelt. Während bei den vorausgegangenen Auflagen die Darstellung firmeneigener Modelle der Arbeitszeitflexibilisierung im Mittelpunkt stand, ist nach unserer Beobachtung die betriebliche Praxis nicht mehr primär an der Frage interessiert, welche Modelle überhaupt existieren und für eine Flexibilisierung der Arbeitszeit geeignet sein könnten. Die Entscheidung hierüber ist inzwischen vielfach getroffen worden. Dagegen entstehen durch die Praktizierung der hauseigenen Flexi-Modelle Fragen bezüglich der Überarbeit und deren Abbau bzw. Ausgleich sowie hinsichtlich der Einrichtung von Arbeitszeitkonten. Daher wird dem praktischen ein theoretischer Teil vorausgeschickt. Dieser soll einer grundlegenden, insbesondere arbeitzeitrechtlichen, Orientierung dienen. Zu Beginn steht die Darstellung der wesentlichen Vorschriften des ArbZG, dabei haben die Autoren auch die einschlägigen Regelungen des TzBfG berücksichtigt, das ab 1. Januar 2001 an die Stelle des bis zum 21. 12. 2000 geltenden BeschFG getreten ist.

Hieran schließt sich eine eingehende Behandlung der Arbeitszeitformen (Grundmuster) an, auf die sich alle betrieblichen Flexi-Modelle – wie z. B. auch die Vertrauensarbeitszeit – als Varianten der Grundmuster zurückführen lassen. Nach Ausführungen über Arbeitszeitkonten sowie das methodische Vorgehen zur Implementierung betrieblicher Arbeitszeitmodelle folgt eine Darstellung der immer wichtiger werdenden Altersteilzeit.

Der praktische Teil enthält eine Reihe von Praxisbeispielen zur Schichtarbeit, zur Gleitzeit, zur Jahresarbeitzeit und zur selbstbestimmten (autonomen) Arbeitszeitgestaltung als den wichtigsten Arbeitszeitformen. Im Anhang befindet sich der Gesetzeswortlaut des ArbZG und des TVG sowie Auszüge aus dem BetrVG. Den Abschluss bilden Tarifvereinbarungen und eine Betriebsvereinbarung über eine Arbeitszeitregelung aufgrund einer Einigungsstellenentscheidung.

Kassel, im Juli 2001 *Die Verfasser*

Inhaltsverzeichnis

Abkürzungsverzeichnis

Abs.	Absatz
AFG	Arbeitsförderungsgesetz
AG	Aktiengesellschaft
AltersteilzeitG	Altersteilzeitgesetz
AP	Arbeitsrechtliche Praxis
ArbZG	Arbeitszeitgesetz (Artikel 1 des ArbZG)
ArbZRG	Gesetz zur Vereinheitlichung und Flexibilisierung des Arbeitszeitrechts (Arbeitszeitrechtsgesetz) vom 6. 6. 1994 (BGBl. 1 S. 1170)
ATG	Altersteilzeitgesetz
AuR	Arbeit und Recht
AV	Arbeitsvertrag
AZ	Arbeitszeitvolumen
AZO	Arbeitszeitordnung
BAT	Bundes-Angestelltentarifvertrag
Bd.	Band
BDA	Bundesvereinigung der deutschen Arbeitgeberverbände
BeschFG	Beschäftigungsförderungsgesetz
BetrVG	Betriebsverfassungsgesetz
BRTV	Bundesrahmentarifvertrag
BT-Druck.	Bundestags-Drucksache
BV	Betriebsvereinbarung
BZ	Bemessungszeitraum
bzw.	beziehungsweise
ca.	zirka
CAD	Computer Aided Design
DAG	Deutsche Angestelltengewerkschaft
d. h.	das heißt
DM	Deutsche Mark
Dt.	Deutsche
F.A.Z.	Frankfurter Allgemeine Zeitung
Fußn.	Fußnote
GAZ	gleitende Arbeitszeit
GewO	Gewerbeordnung
GmbH	Gesellschaft mit beschränkter Haftung
HAG	Heimarbeitsgesetz
HAS	Handbuch für Arbeits- und Sozialrecht

i. d. R.	in der Regel
i. e. S.	im engeren Sinne
IRWAZ	individuelle regelmäßige WAZ
ISDN	Integrated Services Digital Network
i. V. m.	in Verbindung mit
JASchG	Jugendarbeitsschutzgesetz
JAZ	Jahresarbeitszeit
KAPOVAZ	Kapazitätsorientierte variable Arbeitszeit
KG	Kommanditgesellschaft
KSchG	Kündigungsschutzgesetz
Min.	Minute
MTV	Manteltarifvertrag
NN	nomen nescio (Namen unbekannt)
Nr.	Nummer
NZA	Neue Zeitschrift für Arbeitsrecht- und Sozialrecht
p.a.	pro anno
rd.	rund
s.	siehe
Std.	Stunden
TAZ	Tagesarbeitszeit
TV	Tarifvertrag
TVG	Tarifvertragsgesetz
TZ	Teilzeit
TzBfG	Gesetz über Teilzeitarbeit und befristete Arbeitsverträge und zur Änderung und Aufhebung arbeitsrechtlicher Bestimmungen – TzBfG – (BGBl. I 2000, S. 1966)
u. a.	und andere
U.S.A.	United States of America
usw.	und so weiter
v.	vom
VAG	Volkswagen AG
vgl.	vergleiche
WAZ	Wochenarbeitszeit
z. B.	zum Beispiel
z. Z.	zur Zeit

Abbildungsverzeichnis

Tabellenverzeichnis

Einleitung

Das Neuartige, das uns die zunehmende Arbeitszeitverkürzung gebracht hat, ist die Notwendigkeit zur „Arbeitszeitflexibilisierung“. Jeder soziale Fortschriftt muss bezahlbar bleiben. Dies gilt auch für die Arbeitszeitverkürzung. Nachdem z.B. für die Zeit ab 1. 10. 1995 in der Metallindustrie die 35-Stunden-Woche vereinbart worden ist, verliert die bloße Arbeitszeitverkürzung immer mehr die „Aura des sozialen Fortschrittes“. Damit gewinnt die Flexibilisierung der Arbeitszeit als Möglichkeit zum Abfedern der durch die Arbeitszeitverkürzung verursachten Kosten eine besondere Bedeutung und bietet zugleich die Chance zur Verbesserung der Arbeitsbedingungen (mehr Zeitsouveränität für Arbeitnehmer).

Für die Frage der Neugestaltung der Arbeitszeit verkörpert der sogenannte „Leber-Kompromiss“ in der Metallindustrie des Jahres 1984 einen „Wendepunkt“, ein neues „Zeitalter“. Der Leber-Kompromiss stellte das traditionelle „rigide Arbeitszeitregime“ des 8-Stunden-Tages und der 40-Stunden-Woche in Frage, indem er flexible Arbeitszeitmodelle zur „Entkoppelung“ von Arbeitszeit und Maschinenzeit zuließ, wie dies bereits vor den Mehrschichtsystemen her bekannt ist.

Begriff der Arbeitszeitflexibilisierung

Die Arbeitszeit als solche wird durch ihre zeitliche Lage sowie Dauer, den sogenannten chronometrischen sowie chronologischen Faktor, bestimmt. Ist mindestens einer dieser beiden Faktoren, also entweder die zeitliche Lage oder die Zeitdauer, permanent veränderbar, so liegt eine „flexible“ Arbeitszeit vor, wobei die Veränderung einseitig durch Arbeitgeber oder Arbeitnehmer oder durch beide Seiten möglich sein muss. Die Arbeitszeitflexibilisierung schafft also offene Arbeitzeitsysteme, die andauernde Gestaltungsmöglichkeiten beinhalten. Ein flexibles System für den Arbeitgeber stellt die „KAPOVAZ“ (kapazitätsorientierte variable Arbeitszeit), für den Arbeitnehmer die Gleitzeit (GAZ) dar (vgl. Abb. 6).

Darüber hinaus kann man „beschränkt flexible" Arbeitszeitmodelle unterscheiden, die zwar Flexibilisierungsoptionen enthalten, aber nicht permanent veränderbar sind. Das bedeutet, ist von der Option zur Abänderung Gebrauch gemacht worden, dann entfallen weitere Flexibilisierungsmöglichkeiten und das System „erstarrt" wieder, d.h. es bleibt fortan fixiert. Diese Art der Arbeitszeitmodelle kann man als „halboffene" Systeme bezeichnen. Beispiele: Über- und Mehrarbeit sowie Schichtarbeit (vgl. Abb. 3: „Grundmuster").

Potenzial der Arbeitszeitflexibilisierung

In quantitativer Hinsicht lässt sich feststellen, dass das „Flexibilisierungspotenzial" mit zunehmender Arbeitszeitverkürzung wächst. Um das quantitative Flexibilisierungspotenzial im Einzelfall festzustellen, ist von dem jeweiligen Bemessungszeitraum, der Tages- oder Wochenarbeitszeit, auszugehen und hiervon die verkürzte Arbeitszeit abzuziehen, um das quantitative Flexibilisierungspotenzial zu ermitteln. Die Formel lautet: Bemessungszeitraum minus Arbeitszeit = Flexibilisierungspotenzial (vgl. Tabelle 1).

Tabelle 1: Quantitatives Flexibilisierungspotenzial (FP)

BZ	Stunden	AZ	FP
TAZ	8	6	2
WAZ	48	36	12
JAZ	2496	1872	624

AZ = Arbeitszeit
BZ = Bemessungszeitraum
JAZ = Jahresarbeitszeit
TAZ = Tagesarbeitszeit
WAZ = Wochenarbeitszeit

Formel: BZ – AZ = FP

A. Gesetzlicher Rahmen für flexible Arbeitszeit (ArbZG)

I. Einleitung

Es bestand unter mehreren rechtlichen Gesichtspunkten die Notwendigkeit für eine neue, die AZO beseitigende Rechtsgrundlage, also für ein umfassendes staatliches Arbeitszeitrecht. So bestimmte Art. 30 Abs. 1 Nr. 1 des *Einigungsvertrages* als Aufgabe des gesamtdeutschen Gesetzgebers, das Arbeitsvertragsrecht sowie das öffentlich-rechtliche Arbeitszeitrecht einschließlich der Zulässigkeit von Sonn- und Feiertagsarbeit und dem besonderen Frauenarbeitszeitschutz möglichst bald einheitlich neu zu regeln. Sodann entschied das *Bundesverfassungsgericht* am 28. 1. 1992, dass das selektive Nachtarbeitsverbot des § 19 AZO für gewerbliche Arbeitnehmerinnen gegen Art. 3 GG verstieß und dass der Gesetzgeber verpflichtet war, den Schutz der Arbeitnehmer vor den schädlichen Folgen der Nachtarbeit neu zu regeln. Hinzu kam schließlich die *Richtlinie des Rates der EU* vom 23. 11. 1993 über bestimmte Aspekte der Arbeitszeitgestaltung (93/104/EG).

Dem hieraus zu entnehmenden gesetzlichen Auftrag hat der Gesetzgeber durch das ArbZRG Rechnung getragen. Art. 1 dieses Gesetzes enthält das ArbZG.

II. Die öffentlich-rechtliche Schutzfunktion des ArbZG

Die Anwendung und Beachtung des Arbeitszeitrechts ist nicht nur eine *arbeitsvertragliche*, sondern auch eine *öffentlich-rechtliche* Verpflichtung gegenüber dem Staat. Während dieser durch polizeilichen Zwang, Geldbuße und Geldstrafe die Einhaltung der Arbeitsschutzvorschriften überwacht und gegebenenfalls erzwingt (§§ 22, 23 ArbZG), müsste demgegenüber der einzelne Arbeitnehmer im Streitfalle die Erfüllung von Arbeitszeitrecht beim Arbeitsgericht einklagen (§ 2 Abs. 1 Nr. 2 ArbGG). Da es sich um öffentlich-rechtliches Arbeitszeitrecht handelt, begründen die Vorschriften des ArbZG keine privatrechtliche Verpflichtung für Arbeitnehmer, während der zulässigen gesetzlichen Höchstarbeitszeiten Arbeit zu leisten. Der zeitliche Umfang der Arbeitsverpflichtung wird vielmehr durch Tarifvertrag, Betriebs- oder Dienstvereinbarung und Einzelarbeitsvertrag festgelegt.

III. Der gesetzliche Arbeitszeitschutz im Einzelnen

1. Allgemeines

Der *gesetzliche Arbeitszeitschutz* besteht in seinem Kern aus der gesetzlichen werktäglichen Regelarbeitszeit, der höchstzulässigen Arbeitszeit, den Mindestruhepausen und der Mindestruhezeit. Dies hat sich seit der Einführung des gesetzlichen Arbeitszeitschutzes im Jahre 1918/19 und seiner Weiterentwicklung im Jahre 1923 nicht geändert. Ausgelöst durch die oben erwähnte Entscheidung des Bundesverfassungsgerichts ist nunmehr eine eingehende gesetzliche Regelung der Nachtarbeit hinzugekommen. Ferner ist die Regelung der Sonn- und Feiertagsruhe aus der GewO (§§ 105 aff.) in das ArbZG übernommen worden.

§ 1 umschreibt als Zweck des ArbZG den Gesundheitsschutz, die Sonn- und Feiertagsruhe sowie die Verbesserung der Rahmenbedingungen für *flexible* Arbeitszeiten.

Im Gegensatz zu dem erheblich eingeschränkten *Geltungsbereich* der AZO (vgl. § 1 Abs. 3 AZO) gilt das ArbZG im Grundsatz für alle Arbeitnehmer und für alle Beschäftigungsbereiche. Auf leitende Angestellte i.S.d. § 5 Abs. 3 BetrVG findet das ArbZG keine Anwendung (§ 18 Abs. 1 Nr. 1 ArbZG). Weitere Ausnahmen sind in § 18 ArbZG geregelt.

Der Begriff der *Arbeitszeit* sowie die Bestimmung über die Zusammenrechnung der Arbeitszeiten bei mehreren Arbeitgebern (§ 2 Abs. 1 ArbZG) entsprechen inhaltlich § 2 Abs. 1, Abs. 3 Satz 2 AZO. Der Arbeitnehmerbegriff (§ 2 Abs. 2 ArbZG) deckt sich mit dem des § 5 Abs. 1 BetrVG, wobei „Berufsausbildung“ durch „Berufsbildung“ ersetzt worden ist. Daher werden auch solche Beschäftigungsverhältnisse erfasst, die weder Ausbildungsverhältnisse noch Arbeitsverhältnisse sind.

2. Höchstzulässige TAZ

In § 3 Satz 1 ArbZG ist der seit 1918 geltende *Grundsatz* des 8-Stunden-Tages aus § 3 AZO übernommen worden. In § 3 Satz 2 ArbZG ist vor allem aus gesundheitlichen Gründen die Verlängerung der werktäglichen Arbeitszeit auf höchstens zehn Stunden mit der Verpflichtung für zulässig erklärt worden, dass innerhalb der folgenden sechs Kalendermonate bzw. 24 Wochen ein Ausgleich auf die Durchschnittsgrenze von acht Stunden werktäglich zu erfolgen hat. Durch diesen *Ausgleichszeitraum* erhalten die Betriebe einen erheblichen Spielraum für flexible Arbeitszeiten. Außerdem sind die Tarifvertragsparteien ermächtigt, einen anderen Ausgleichszeitraum festzulegen (§ 7 Abs. 1 Nr. 1b ArbZG), sodass der Ausleichszeitraum auch ausgedehnt werden darf; Gleiches gilt für die Nachtarbeit (§ 7 Abs. 1 Nr. 4b ArbZG).

Nach wie vor kann die *Aufsichtsbehörde* abweichende längere tägliche Arbeitszeiten z. B. für kontinuierliche Schichtbetriebe, Saisonbetriebe und für Montagestellen bewilligen. Der Ausnahmecharakter von unaufschiebbaren Vor- und Abschlussarbeiten ist in § 14 Abs. 2 Nr. 2 ArbZG berücksichtigt worden.

Die Höchstarbeitszeitgrenzen des § 3 ArbZG gelten auch bei zulässiger Sonn- und Feiertagsarbeit (§ 11 Abs. 2 ArbZG).

3. Ruhepausen

Gemäß § 4 ArbZG ist die Arbeit durch im Voraus feststehende *Ruhepausen* von mindestens 30 Minuten bei einer Arbeitszeit von mehr als sechs Stunden bis zu neun Stunden und 45 Minuten bei einer Arbeitszeit von mehr als neun Stunden insgesamt zu unterbrechen, wobei die Ruhepausen in Zeitabschnitten von jeweils mindestens 15 Minuten aufgeteilt werden. In einem Tarifvertrag oder aufgrund eines Tarifvertrages in einer Betriebsvereinbarung kann zugelassen werden, dass abweichend von § 4 Satz 2 ArbZG die Gesamtdauer der Ruhepausen in Schichtbetrieben und Verkehrsbetrieben auf Kurzpausen von angemessener Dauer aufgeteilt wird (§ 7 Abs. 1 Nr. 2 ArbZG).

Die bisher unterschiedliche Pausenregelung für Männer und Frauen in § 12 Abs. 2 und § 18 AZO ist vor allem wegen der Gleichbehandlung in der betrieblichen Praxis vereinheitlicht worden. Dabei entspricht die Pausenzeit von 30 Minuten in § 4 Satz 1 ArbZG der bisher für Männer geltenden Regelung in § 12 Abs. 2 Satz 1 AZO; § 4 Satz 2 ArbZG über die Mindestdauer einer Ruhepause ist der für Frauen ehemals geltenden Regelung in § 18 Abs. 2 AZO entnommen worden.

Entgegen den §§ 12 Abs. 2 Satz 2, 18 Abs. 3 AZO findet sich im ArbZG keine Regelung mehr über Aufenthaltsräume während der Pausen. Vorschriften hierüber enthalten § 29 der Arbeitsstättenverordnung und die hierzu ergangenen Richtlinien.

4. Ruhezeit

§ 15 ArbZG regelt die *Ruhezeit*, unter der die arbeitsfreie Zeit zwischen den Arbeitsschichten zu verstehen ist. Die Ruhezeit muss eine *ununterbrochene* sein (§ 5 Abs. 1 ArbZG). Das bedeutet, dass die Ruhezeit, da sie mindestens elf Stunden betragen muss (§ 5 Abs. 1 ArbZG), nicht in Zeitabschnitte aufgeteilt werden darf, die weniger als elf Stunden betragen. Andernfalls – auch bei jeder kurzzeitigen Tätigkeit – ist die Ruhezeit unterbrochen und beginnt erneut zu laufen. Die Dauer der Ruhezeit kann um bis zu einer Stunde in Krankenhäusern, Pflegeeinrichtungen, in Gaststätten und im Beherbergungsgewerbe, in Verkehrsbetrieben, beim Rundfunk sowie in der Landwirtschaft verkürzt werden, wenn jede Verkürzung der Ruhezeit innerhalb eines Kalendermonats oder innerhalb von vier Wochen durch Verlängerung einer anderen Ruhezeit auf mindestens zwölf Stunden ausgeglichen wird (§ 5 Abs. 2 ArbZG).

Für Krankenhäuser und andere Pflegeeinrichtungen sind zusätzliche *Ausnahmen* zulässig hinsichtlich der Verkürzung der Ruhezeiten während des Bereitschaftsdienstes oder der Rufbereitschaft und des Ausgleichszeitraumes (§ 5 Abs. 3 ArbZG).

Auf die Ruhezeiten von Kraftfahrern und Beifahrern finden die Vorschriften des europäischen Rechts Anwendung, soweit diese Abweichungen vom Grundsatz des § 5 Abs. 1 ArbZG vorsehen.[1]

1 Siehe hierzu sowie insgesamt zum Thema der Ruhezeit *Buschmann/Ulber*, Das Arbeitszeitgesetz, § 5 ArbZG.

5. Nacht- und Schichtarbeit

Die *Nacht-* und die *Schichtarbeit* sind eingehend in § 6 ArbZG geregelt. Hierzu bestand aufgrund des Urteils des Bundesverfassungsgerichts vom 28. 1. 1992[2] Handlungsbedarf. Mit dieser Entscheidung erklärte das Gericht das Nachtarbeitsverbot für Arbeitnehmerinnen des § 19 AZO für unvereinbar mit Art. 3 Abs. 1 und 3 GG, verbunden mit der Aufforderung an den Gesetzgeber, den Schutz der Beschäftigten vor den schädlichen Folgen der Nachtarbeit neu zu regeln.[3] Dies ist nunmehr in § 6 ArbZG geschehen.

Unter *Nachtzeit* im Sinne des ArbZG ist die Zeit von 23.00 bis 6.00 Uhr (§ 2 Abs. 3 ArbZG) sowie unter *Nachtarbeit* im Sinne des ArbZG jede Arbeitszeit zu verstehen, die mehr als zwei Stunden der Nachtzeit umfasst (§ 2 Abs. 4 ArbZG).

Nach § 6 Abs. 1 ArbZG ist die Arbeitszeit der Nacht- und Schichtarbeitnehmer nach den „*gesicherten arbeitswissenschaftlichen Erkenntnissen*“ über die menschengerechte Gestaltung der Arbeit festzulegen. „Gesichert sind die Erkenntnisse, wenn die Mehrheit der Fachleute aus dem jeweiligen Bereich von ihrer Zweckmäßigkeit überzeugt ist, die Erkenntnisse in mindestens einem Betrieb erprobt worden sind und dort zu einer Verbesserung der Arbeitsbedingungen geführt haben …“[4]

Dem Auftrag des Bundesverfassungsgerichts in seinem Urteil vom 28. 1. 1992 entsprechend sind die gesetzlichen Regelungen der Nacht- und Schichtarbeit *geschlechtsneutrale Schutzvorschriften* für alle Nachtarbeitnehmer im Sinne eines zwingenden Mindeststandards, um den objektiven Gehalt der Grundrechte, insbesondere des Rechts auf körperliche Unversehrtheit (Art. 2 Abs. 1 GG), insoweit sicherzustellen. Bei Bedarf kann der gesetzliche Mindestschutz durch Rechtsverordnungen erweitert werden (§ 8 ArbZG).

Der Grundsatz des 8-Stunden-Tages (§ 6 Abs. 2 Satz 1 ArbZG) entspricht der Regelung der höchstzulässigen Tagesarbeitszeit in § 3 Satz 1 ArbZG.

---

2 Siehe BB 1992 Beil. III. zu H. 5.

3 *Zmarzlik*, Entwurf eines Arbeitszeitgesetzes, BB 1993, S. 2009 m.w. N.

4 *Zmarzlik*, Entwurf eines Arbeitszeitgesetzes, a. a. O., S. 2012 Fn. 33.

Die Nachtarbeit kann zwar auf zehn Stunden verlängert werden (vgl. § 3 Satz 2 ArbZG), jedoch ist der *Ausgleichszeitraum* für die Durchschnittsgrenze von acht Stunden werktäglich auf den folgenden Kalendermonat bzw. die folgenden vier Wochen begrenzt (§ 5 Abs. 2 Satz 2 ArbZG), wobei die Tarifvertragsparteien den begrenzten Ausgleichszeitraum gemäß § 7 Abs. 1 Nr. 4b ArbZG unter den dort angegebenen Voraussetzungen verlängern dürfen.

In § 6 Abs. 3 ArbZG wird den Nachtarbeitnehmern zur Aufnahme einer mit Nachtarbeit verbundenen Tätigkeit und danach in regelmäßigen Zeitabständen von mindestens drei Jahren (nach Vollendung des 50. Lebensjahres jährlich) die Möglichkeit einer medizinischen Untersuchung ihres Gesundheitszustandes auf Kosten des Arbeitgebers eingeräumt.

Nach § 6 Abs. 4 ArbZG kann der Arbeitnehmer vom Arbeitgeber in drei Fällen seine Umsetzung auf einen für ihn geeigneten *Tagesarbeitsplatz* verlangen:

1. Die weitere Verrichtung von Nachtarbeit gefährdet nach arbeitsmedizinischer Feststellung die *Gesundheit* des Arbeitnehmers;
2. im Haushalt des Arbeitnehmers lebt ein *Kind unter 12 Jahren*, das nicht von einer anderen im Haushalt lebenden Person betreut werden kann;
3. der Arbeitnehmer hat einen *schwerpflegebedürftigen Angehörigen* zu versorgen, der nicht von einem anderen im Haushalt lebenden Angehörigen betreut werden kann.

Die Altersgrenze von 12 Jahren ist in Anlehnung an § 45 SGB V und der Begriff „schwerpflegebedürftig“ in Anlehnung an § 53 SGB V gewählt worden. Mit diesen Regelungen wird dem Auftrag des Bundesverfassungsgerichts an den Gesetzgeber entsprochen, besondere Schutzvorschriften für solche Arbeitnehmer vorzusehen, die der Doppelbelastung durch Nachtarbeit und Familienpflichten ausgesetzt sind (§ 6 Abs. 4 Satz 1a, b, c ArbZG).

§ 6 Abs. 5 sieht einen Ausgleich für die mit Nachtarbeit verbundenen Beeinträchtigungen vor, ohne dass der Gesetzgeber bestimmte Vorgaben zum Umfang des Ausgleichs macht. Die Regelung steht allerdings unter *Tarifvorbehalt*.

6. Sonn- und Feiertagsruhe

Der Verfassungsrechtslage entsprechend enthält § 9 ArbZG ein grundsätzliches Verbot der *Beschäftigung* von Arbeitnehmern an *Sonn- und gesetzlichen Feiertagen* von 0 bis 24 Uhr und übernimmt damit die bisherige Regelung des § 105b GewO.

Die Ausnahmen zur Sonn- und Feiertagsruhe bzw. die ausnahmsweise Zulässigkeit von Sonn- und Feiertagsbeschäftigung ist in § 10 ArbZG in den Nummern 1 bis 16 geregelt.

Dabei lässt der Gesetzgeber Ausnahmen vom Verbot der Sonn- und Feiertagsbeschäftigung insoweit zu, als es sich handelt um

- die Aufrechterhaltung der öffentlichen Sicherheit und Ordnung (Nr. 1, 2, 13),
- die Lebensgrundlagen in gesundheitlicher und in ernährungsmäßiger Hinsicht (Nr. 3, 4, 11, 12),
- sportliche, kulturelle und religiöse Veranstaltungen (Nr. 5, 6, 7, 8),
- das Verkehrs- und Messewesen (Nr. 9, 10),
- die Aufrechterhaltung der wirtschaftlichen Funktionsfähigkeit (Nr. 14, 15, 16), insbesondere
  - Datennetze und Rechnersysteme (Nr. 14),
  - Verhütung des Misslingens von Arbeitsergebnissen (Nr. 15),
  - zum Schutz von Produktionseinrichtungen vor erheblicher Zerstörung (Nr. 16).

Die *Ausnahmeregelungen des § 10 Abs. 1 Nr. 1 bis 16 ArbZG* beziehen sich vor allem auf die Beschäftigung von Arbeitnehmern in *Dienstleistungsbereichen*. Dabei korrespondieren die Nummern 4, 5, 8, 10, 11 mit den bisherigen §§ 105e und 105i GewO, die Nummern 13, 14, 15 mit § 105e Abs. 1 Nr. 3 und 4 GewO.

Art. 5 Satz 1 Nr. ArbZRG hat die sogenannten Vorschriften der GewO aufgehoben, an ihre Stelle sind die Ausnahmeregelungen des § 10 Abs. 1 Nr. 1 bis 16 ArbZG getreten.

§ 10 Abs. 2 ArbZG will verhindern, dass bei zulässigen Reparatur- und Instandhaltungsarbeiten nach Abs. 1 Nr. 14 ArbZG mehr Arbeitnehmer beschäftigt werden müssten als bei fortlaufender Produktion: Wenn dies der Fall wäre, dürfen – abweichend von § 9 ArbZG – Ar-

beitnehmer auch an Sonn- und Feiertagen mit Produktionsarbeiten beschäftigt werden.

Zur Vermeidung von Missbräuchen bei der Anwendung der Ausnahmen des § 10 ArbZG kann die Bundesregierung im Verordnungswege tätig werden (§ 13 ArbZG). Darüber hinaus können auf diese Weise *weitere Ausnahmen* über die des § 10 ArbZG hinaus abweichend von § 9 ArbZG zugelassen werden, wobei hierfür die §§ 105d und 105e GewO übernommen und den heutigen Erfordernissen entsprechend näher konkretisiert worden sind. Maßgebliche Gründe für zulässige Abweichungen sind solche des Gemeinwohls, insbesondere gesamtwirtschaftliche Gründe, wie z.B. Existenzgefährdung von Betrieben sowie eine angespannte internationale Wettbewerbssituation in einer Branche (§ 13 Abs. 1 Nr. 2c; Abs. 5 ArbZG).

§ 11 ArbZG regelt den Mindeststandard, der als Ausgleich für Sonn- und Feiertagsbeschäftigung zu gewähren ist. Nach dem Grundsatz von § 11 ArbZG müssen im Jahr mindestens fünfzehn Sonntage, d.h. mindestens ein Sonntag monatlich beschäftigungsfrei sein. Abweichungen sind jedoch zulässig, insbesondere durch Tarifvertrag, wie z.B. im Falle von § 12 Satz 1 Nr. 1 ArbZG.

Aus Gründen des *Gesundheitsschutzes* finden die Vorschriften der §§ 3 bis 8 ArbZG auch auf die Beschäftigung von Arbeitnehmern an Sonn- und Feiertagen Anwendung (§ 11 Abs. 2 ArbZG).

Nach § 11 Abs. 3 ArbZG ist Arbeitnehmern nach näherer gesetzlicher Regelung ein *Ersatzruhetag* zu gewähren, wenn Arbeitnehmer an einem Sonntag beschäftigt werden. Das Gleiche gilt, wenn es sich um einen auf einen Werktag fallenden Feiertag handelt (§ 11 Abs. 3 Satz 2 ArbZG). Unter dem „Ersatzruhetag" ist ein freier Arbeitstag zu verstehen und nicht ein Feiertag oder sonstiger Tag, an dem die betriebliche Arbeit ruht.[5] Abweichend hiervon meint *Dobberahn,*[6] dass Sonn- und Feiertagsbeschäftigung auch bei einer 5-Tage-Woche durch den arbeitsfreien Samstag ausgeglichen werden darf.

---

5 *Buschmann/Ulber*, Das Arbeitszeitgesetz, S. 110 Rn. 6.
6 Das neue Arbeitszeitrechtsgesetz, 1994, S. 46 Rn. 122.

Weitere Ausnahmen von den Grundsätzen des ArbZG können bei *außergewöhnlichen Fällen* vorgenommen (§ 14 ArbZG) sowie durch die *Aufsichtsbehörde* zugelassen werden (§ 15 ArbZG).

7. Tarifvertragliche Abweichungen

Darüber hinaus wird nach § 7 Abs. 1 und 2 ArbZG die gesetzliche Möglichkeit eröffnet, von den *Grundnormen der §§ 3 bis 6 ArbZG* in einem *Tarifvertrag* oder aufgrund eines Tarifvertrages in einer *Betriebsvereinbarung* abzuweichen. In diesem Sinne darf die Arbeitszeit z.B. bei Arbeitsbereitschaft („wache Achtsamkeit im Zustande der Entspannung") wie ehedem nach § 7 Abs. 2 ArbZG auch über zehn Stunden werktäglich hinaus verlängert werden; damit ist es zulässig, sowohl die in § 3 Satz 2 ArbZG mittelbar festgelegte Grenze der wöchentlichen Arbeitszeit von sechzig Stunden als auch den gleichfalls festgelegten Ausgleichszeitraum zu überschreiten (§ 7 Abs. 1 Nr. 1a ArbZG): weitere Beispiele siehe § 7 Abs. 1 Nr. 1b, c sowie die Nrn. 2. bis 5. ArbZG.

§ 7 Abs. 3 ArbZG sieht vor, dass im Geltungsbereich eines Tarifvertrages nach Abs. 1 oder Abs. 2 *abweichende tarifliche Regelungen* im Betrieb eines *nicht tarifgebundenen Arbeitgebers* durch Betriebsvereinbarung übernommen werden dürfen. Für Betriebe ohne Betriebsrat ist es zulässig, durch *schriftliche* Vereinbarung tarifvertragliche Abweichungen im Sinne des § 7 Abs. 1 und 2 ArbZG auf das Arbeitsverhältnis anzuwenden (§ 7 Abs. 3 Satz 1 ArbZG).

Soweit ein entsprechender Tarifvertrag abweichende Regelungen durch Betriebsvereinbarung, also im Wege einer sogenannten *Tariföffnungsklausel* (vgl. § 77 Abs. 3 Satz 2 BetrVG), vorsieht, kann auch in Betrieben eines nicht tarifgebundenen Arbeitgebers davon Gebrauch gemacht werden (§ 7 Abs. 3 Satz 2 ArbZG).

Erläuternd zu den vorgenannten Regelungen ist zu bemerken, dass § 7 Abs. 3 Satz 1 ArbZG die „Direktübernahme" *ohne* Tariföffnungsklausel durch nicht tarifgebundene Arbeitgeber mit und ohne Betriebsrat regelt. Soweit ein Betriebsrat vorhanden ist, handelt es sich um eine Ausnahme von der Tarifsperre des § 77 Abs. 3 Satz 1 BetrVG. Die Kompetenz für nicht tarifgebundene Arbeitgeber mit Betriebsrat erweitert § 7 Abs. 3 Satz 2 ArbZG insoweit, als diese aufgrund einer *Tariföffnungsklausel* auch *selbst „abweichende"* Arbeitszeitregelungen durch Betriebsvereinbarung einführen dürfen. Es handelt sich hierbei um eine Klarstellung im Sinne des § 77 Abs. 3 Satz 2 BetrVG, der nach herrschender Interpretation auch für nicht tarifgebundene Arbeitgeber mit Betriebsrat gilt.[7]

---

7 Vgl. *Fitting/Kaiser/Heither/Engels*, Betriebsverfassungsgesetz, 20. Aufl., § 77 Rn. 68.

B. Flexible Arbeitszeit

I. Arbeitszeitsysteme

Das ArbZG enthält keine Legaldefinition der flexiblen Arbeitszeit. Arbeitszeit ist flexibel, wenn sie flexibilisierbar ist.[8] Die zeitliche Organisation der Arbeit kann auf unterschiedliche, Weise erfolgen, je nachdem, für welches Arbeitszeitsystem der Betrieb sich entscheidet.

Man kann starre (geschlossene), flexible und selbstbestimmte (offene) Arbeitszeitsysteme unterscheiden.

1. Geschlossene Systeme

„*Starre*", geschlossene Arbeitszeitsysteme sind dadurch gekennzeichnet, dass Dauer (chronometrische Bezugsgröße) und Lage (chronologische Bezugsgröße) der Arbeitszeit festliegen und nicht einseitig, weder durch Arbeitgeber noch Arbeitnehmer, veränderbar sind. Bis zum Leber-Kompromiss des Jahres 1984 in der Metallindustrie war die starre Arbeitszeit die traditionelle betriebliche Arbeitszeitform, z. B. als 40-Stunden-Woche mit 8-stündigem Arbeitstag von Montag bis einschließlich Freitag. Zwar gab es bereits gleitende Arbeitszeit; diese beschränkte sich jedoch auf den Verwaltungsbereich, in der Produktion blieb aber die starre Arbeitszeit vorherrschend, wobei die höchstzulässige werktägliche Arbeitszeit des § 3 AZO als Normalarbeitszeit galt. Die in den vorausgegangenen Jahrzehnten durchgesetzten Arbeitszeitverkürzungen betrafen die Dauer der Wochenarbeitszeit und ließen die tägliche Arbeitszeit unberührt.

Demgemäß ist die ausschließliche Verkürzung der Wochenarbeitszeit von z. B. 40 auf 38,5 bis hin zu 35 Stunden keine prinzipielle Veränderung oder Neugestaltung der Wochenarbeitszeit. Sie ist lediglich eine weitere – wenn auch wichtige – Station in der Entwicklung der Verkürzung der Wochenarbeitszeit, die bereits 1956 mit einer Reduzierung auf 47,7 Wochenstunden einsetzte, nachdem seit 1919 die 48-Stundenwoche gegolten hatte. Entsprechendes gilt für die Teilzeit,

8 Vgl. *Linnenkohl*, BB 1985, 1920 f.

weil sie nur eine Verkürzung der „starren" Regelarbeitszeit darstellt. Beide, die bloße Arbeitszeitverkürzung im Rahmen starrer Arbeitszeit sowie die Teilzeit, sind Beispiele für „geschlossene" Arbeitszeitsysteme.

Ist also ein Arbeitszeitsystem so gestaltet, dass es ohne vorherige *Kündigung* nicht mehr abwandelbar ist, so liegt ein geschlossenes (starres) Arbeitszeitsystem vor.[9]

2. Offene Systeme

Bei flexibler Arbeitszeit handelt es sich um Arbeitszeitsysteme, deren Strukturen flexibel sind. „Flexibel" geht auf das lateinische Adjektiv „flexibilis" zurück und bedeutet „biegsam, elastisch, geschmeidig, anpassungsfähig", demgemäß verkörpert das Substantiv „Flexibilität" „Biegsamkeit und Elastizität". Darüber hinaus lässt sich der Sinngehalt des Adjektives „flexibel" um die Wörter „veränderlich und abwandelbar" erweitern.[10] „Flexible" Arbeitszeit bedeutet mithin abwandelbare Arbeitszeit: Sie ist offen für eine Veränderung, eine Abwandlung, sie ist anpassungsfähig.[11]

Ein Beispiel für „flexible" Arbeitszeit ist die gleitende Arbeitszeit: Der Arbeitnehmer darf innerhalb bestimmter Grenzen Beginn und Ende sowie Dauer der täglichen Arbeitszeit selbst festlegen (variables Arbeitszeitsystem). Das bedeutet, der vorgegebene „starre" 8-Stundentag ist abwandelbar (flexible TAZ), anpassungsfähig, z.B. an die Bedürfnisse des Betriebes bzw. des Arbeitnehmers. Sie stellt daher den Fall eines „offenen" Arbeitszeitsystems dar.

Ein offenes Arbeitszeitsystem zeichnet sich also durch andauernde, latent bestehende Flexibilisierungsoptionen aus, d.h. Wahlmöglichkeiten für eine Abwandlung der Arbeitszeit durch Arbeitgeber oder Arbeitnehmer bzw. durch beide.

---

9 Vgl. *Linnenkohl*, BB 1985, 1920, 1921.

10 *Pekrun*, Das Deutsche Wort.

11 Im Einzelnen s. hierzu *Rauschenberg*, Flexibilisierung und Neugestaltung der Arbeitszeit.

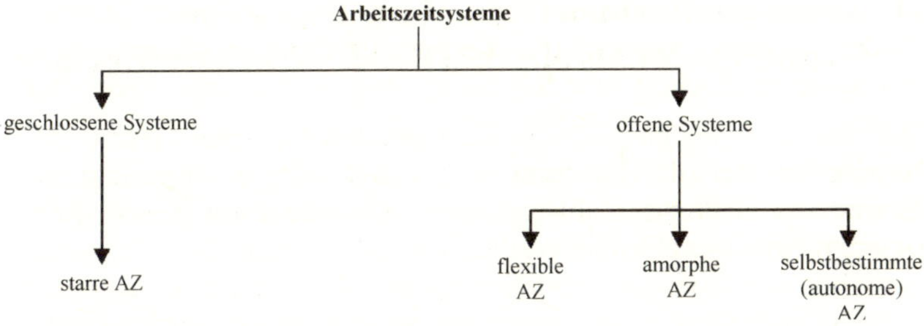

Abbildung 1: Arbeitszeitsysteme

Offen für eine Abwandlung können entweder die Lage (chronologische Bezugsgröße) oder die Dauer (chronometrische Bezugsgröße) oder beides, also Lage und Dauer der Arbeitszeit sein.

Beispiel für eine Flexibilisierung der Lage der Arbeitszeit ist die einfache Gleitzeit. Unter einfacher Gleitzeit kann man die bloße Abwandelbarkeit von Beginn und Ende der täglichen Arbeitszeit durch den Arbeitnehmer verstehen, ohne dass die Dauer der Anwesenheit am Arbeitsplatz, wie das bei der „qualifizierten" Gleitzeit der Fall ist, variabel wäre.

Als Beispiel für die Flexibilisierung der Dauer der Arbeitszeit kann die „flexible Altersgrenze" und der „gleitende Übergang in den Ruhestand" dienen. Dieses Modell sieht vor, dass die Ruhestandsgrenzen nicht mehr ausschließlich vom kalendarischen Alter bestimmt werden. Stattdessen wird ein zeitlicher Rahmen vorgegeben, in dem der Arbeitnehmer eigenverantwortlich bestimmen kann, wann er die erwerbswirtschaftliche Arbeit einstellen will. Der Austritt aus dem Erwerbsleben soll nicht abrupt und unvorbereitet, sondern gleitend, also schrittweise, erfolgen. Hierbei wird dem Arbeitnehmer die Option eingeräumt, seine Arbeitszeit bis zu dem Ausscheiden aus dem Erwerbsleben über einen längeren Zeitraum (Gleitphase) zu verkürzen und damit von der Vollzeit in die Teilzeit zu „gleiten" (flexible TAZ).

Als Beispiel für die Flexibilisierung von Lage und Dauer der Arbeitszeit können die „qualifizierte" Gleitzeit, die kapazitätsorientierte Arbeitszeit (KAPOVAZ), Jobsharing sowie die „amorphe" Arbeitszeit angeführt werden.

II. Arbeitszeitformen (Grundmuster): Zehn Grundmuster als abschließende Arbeitszeitformen

Die Überprüfung von praktizierten Modellen der Arbeitszeitflexibilisierung bei über 140 Unternehmen hat zu dem Ergebnis geführt, dass es eine abschließende Zahl von zehn Arbeitszeitformen gibt, die als Grundmuster allen Flexi-Modellen zugrunde liegen. Die Vielzahl der betrieblichen Arbeitszeitmodelle lässt sich dadurch erklären, dass alle Grundmuster variiert und untereinander kombiniert werden können. So kann die GAZ z. B. mit oder ohne Kernzeit (Anwesenheitspflicht) vereinbart oder mit der KAPOVAZ etc. verbunden werden.

Tabelle 2: Arbeitszeitformen (Grundmuster)

Arbeitszeit	Beschränkte flexible Arbeitszeit	Flexible Arbeitsdauer			Selbstbestimmte Arbeitszeit
		Lage	Dauer	Lage + Dauer	
– Teilzeit	– Überarbeit/ Mehrarbeit/ Kurzarbeit – Schichtarbeit (i. V. m. Flexi 2 u. 1)	– Freischicht (Flexi 3) – Gleitzeit (einfache)	– Flexible Altersgrenze	– Gleitzeit (qualifizierte) – KAPOVAZ – Jobsharing – „Amorphe" Arbeitszeit	Bei Trennung von Betriebs- und Arbeitsstätte – Heimarbeit – Telearbeit – Heimarbeitsplatz

1. Grundmuster: Teilzeitarbeit

a) Definition

Teilzeitarbeit wird zwar oft als flexible Form der Arbeitszeitgestaltung bezeichnet. Dies ist jedoch nicht zutreffend. Bei der Teilzeitarbeit handelt es sich vielmehr um eine Arbeitszeitverkürzung ohne Lohnausgleich. Allein aus der Tatsache, dass ein Arbeitnehmer teilzeitbeschäftigt ist, folgt weder, dass die Lage der Arbeitszeit noch deren Dauer einseitig veränderbar ist. Die Teilzeit ist daher grundsätzlich keine Form flexibler Arbeitszeitgestaltung. Gemäß § 2 Abs. 1 Satz 1 TzBfG sind Arbeitnehmer teilzeitbeschäftigt, wenn deren regelmäßige Wochenarbeitszeit kürzer ist als die regelmäßige Wochenarbeitszeit vergleichbarer vollzeitbeschäftigter Arbeitnehmer. „Flexible Teilzeit“ setzt danach die Kombination der Teilzeit (TZ) mit einem oder mehreren Flexi-Modellen voraus.

b) Praktizierte Arbeitszeitmodelle

Beispiel 1: Teilzeit- und Gleitzeitregelung: Dabei müssen die vertraglich festgelegte Sollarbeitszeit von mindestens 3 Stunden und die Vereinbarungen für eine eventuelle Partner-Teilzeit beachtet werden. Als Gleitzeitübertrag ist ein Guthaben bzw. Defizit von maximal 7,5 Stunden möglich.

Beispiel 2: Gleitzeitregelungen auch für Teilzeitkräfte. Für den Arbeitsanfang liegt die Gleitspanne zwischen 6.45–8.15 Uhr, für das Arbeitsende zwischen 15–17.45 Uhr. Kernzeit von 8.15–15 Uhr. Für die Teilzeitkräfte gelten 20 verschiedene Zeitarten mit einem Tages-Maximum von 10 Stunden und einem Wochen-Maximum von 45 Stunden.

Gleitzeitübertragung in den Folgemonat: bis zu 15 Stunden.

c) Rechtlicher Entscheidungsrahmen

Spezifische Arbeitsschutzgesetze werden durch die Teilzeitarbeit nicht berührt; allerdings ist § 4 TzBfG zu beachten, der eine unterschiedliche Behandlung gegenüber vollzeitbeschäftigten Arbeitnehmern untersagt.

Vorstellbar ist, dass in einem Tarifvertrag eine gewisse Mindeststundenzahl festgeschrieben wird, um eine geringfügige Beschäftigung auszuschließen. Hieran hat sich dann der tarifgebundene Arbeitgeber zu halten.

Auch unterliegt die Einführung der Teilzeitarbeit (das „Ob“) nicht der Mitbestimmung des Betriebsrates. Hingegen besteht ein erzwingbares Mitbestimmungsrecht des Betriebsrates gemäß § 87 Abs. 1 Nr. 2 BetrVG bei generellen Regelungen über Lage und Verteilung der Arbeitszeit. Bei reinen Einzelmaßnahmen (z. B. lediglich ein Arbeitnehmer betroffen) ohne kollektiven Bezug ist kein Mitbestimmungsrecht gegeben.

Maßgebend für die Einführung der Teilzeitarbeit ist somit meist die einzelvertragliche Vereinbarung zwischen Arbeitnehmer und Arbeitgeber.

d) Bewertung

Wie bereits unter 1.a erwähnt, handelt es sich bei der bloßen Teilzeitarbeit nicht um eine flexible Arbeitszeitform. Ein besonderes Flexibilisierungspotenzial ist mit der Teilzeitarbeit aber dann verbunden, wenn sie mit anderen flexiblen Arbeitszeitformen, wie z. B. der Gleitzeit, kombiniert wird. Auch bietet sich die Teilzeitarbeit als Ergänzung der Voll- oder Teilzeitarbeit an.

2. Grundmuster: Überarbeit/Mehrarbeit

a) Definition

Mehrarbeit ist die Überschreitung der höchstzulässigen gesetzlichen Arbeitszeit, Überarbeit die über die regelmäßige betriebliche Arbeitszeit hinaus geleistete Arbeit. Leider wird selbst in der höchstrichterlichen Rechtsprechung jedoch zwischen den Begriffen Überarbeit (Überstunden) und Mehrarbeit nicht immer unterschieden, sodass durch den unterschiedlichen Gebrauch dieser Substantive eine Verwirrung hervorgerufen werden kann.

In den Arbeitsschutzgesetzen ist geregelt, in welchem Umfang Mehrarbeit überhaupt zulässig ist. Die wichtigsten Bestimmungen zum Arbeitsschutz sind im ArbZG und im JArbSchG enthalten (vgl. auch *Bäck*, ArbZG).

Aus dem Inhalt des Arbeitsvertrages ergibt sich meist, in welchem Umfang der Arbeitnehmer zur Überarbeit verpflichtet ist. Davon zu unterscheiden ist die Frage, ob und in welchem Umfang Überarbeit (aber auch Mehrarbeit) zu vergüten ist. Im Gegensatz zur AZO (§ 15) enthält das ArbZG keine Regelung hinsichtlich einer Mehrarbeitsvergütung, sodass keine gesetzliche Grundlage für eine solche Vergütung (mehr) besteht. Sofern über die (vertraglich oder tariflich) geschuldete Arbeitszeit hinaus gearbeitet wird, sind Zuschläge deshalb nur dann zu zahlen, wenn im Arbeitsvertrag oder im Tarifvertrag (sofern dieser auf das Arbeitsverhältnis anzuwenden ist) dafür eine Rechtsgrundlage vorhanden ist (vgl. aber § 6 ArbZG).

b) Praktizierte Arbeitszeitmodelle

Überarbeit und Mehrarbeit können in der Weise geleistet werden, dass an einzelnen Tagen länger gearbeitet wird oder indem ein zusätzlicher Arbeitstag (meist samstags) festgelegt wird.

Oft sehen betriebliche Regelungen vor, dass Überarbeit (Überstunden) durch Freizeit auszugleichen ist. Häufig wird auch festgelegt, dass nur eine bestimmte Anzahl von Stunden vergütet wird oder „abgefeiert" werden kann. Arbeitet der Arbeitnehmer über diesen – meist durch kollektivvertragliche Regelung – festgelegten Umfang hinaus, wird diese Arbeitszeit nur dann vergütet, wenn dies mit dem Arbeitgeber ausdrücklich vereinbart wurde.

Beispiel 1: Überstunden maximal 150 Stunden pro Jahr und Beschäftigten. Ein Lohnzuschlag von 50% wird gewährt.

Beispiel 2: Mehrarbeit kann in Geld oder Freizeit abgegolten werden. Wird Mehrarbeit über Freizeit ausgeglichen, ist ein Zeitraum vom Anfall der Mehrarbeit bis zu 6 Monaten zum Ausgleich möglich. Sind im Mehrarbeitsspeicher Stunden angesammelt worden, so kann eine Entnahme bis zu 3 Tagen zusammenhängend erfolgen.

Beispiel 3: Zuschlagspflichtige Überstunden fallen an, wenn mehr als 40 Stunden gearbeitet wird. Zusätzlich zu den Tarif-Zulagen erhalten die Mitarbeiter pro fünf geleisteter Überstunden einen Bonus von einer Stunde. Diese Stunden werden dem persönlichen Zeitkonto gutgeschrieben oder wahlweise als Gehaltszuschlag ausgezahlt.

Beispiel 4: Freiwillige Samstagsarbeit (Ausnahme: auch Sonntag). Mehrarbeit auf freiwilliger Basis mit zusätzlicher Entlohnung.

Beispiel 5: Plus-Stunden werden wie Überstunden behandelt und mit Zuschlag vergütet. Nur die Zuschläge werden ausgezahlt.

Die Stunden kommen auf ein Langzeitkonto. Bis zu 10 Stunden täglich und 50 Stunden/Woche. Allerdings darf im Durchschnitt mehrerer Monate die vorgeschriebene Arbeitszeit nicht überschritten werden (zu den Grenzen vgl. § 3 ArbZG).

Beispiel 6: Bis zu 10 Überstunden/Woche bzw. 20 Überstunden/Monat für die Dauer von 8 Wochen (in Form von Sonderschichten). Samstags-Sonderschichten (als zuschlagspflichtige Mehrarbeit von 33,33 bis 50%). Außerdem wird eine Antrittsprämie von DM 15,– je Schicht gewährt (bei mindestens 6 Stunden Arbeitsleistung).

Beispiel 7: Über Zeitkonten (Langzeitkonto) wird eine Hälfte der Überstunden verbucht, die andere samt den Zuschlägen für sämtliche Überarbeit ausgezahlt. Bei einer Zeitschuld bzw. einem Zeitguthaben von 100 Stunden wird über Kurzarbeit bzw. über Neueinstellungen diskutiert.

Beispiel 8: Überarbeitsvolumen beträgt 20 Stunden monatlich (maximal). Samstagsschichten nach Absprache mit dem Betriebsrat möglich. Überarbeit wird erst nach einer Arbeitszeit von 7 Stunden 24 Minuten im Viertel-Stunden-Rhythmus vergütet. Mehrarbeit ist auch über das Ende der Gleitzeitspanne hinaus möglich.

Beispiel 9: Die Überstunden sind von der Gleitzeit zu trennen und werden gesondert ausgezahlt. Mehrgeleistete Arbeit wird nur dann als Überarbeit vergütet, wenn diese angeordnet und genehmigt ist.

Beispiel 10: Überstunden werden „gefahren“. Seit Jahren ist es Usus, diese Stunden nicht zu vergüten, sondern über Freizeit auszugleichen. Insgesamt ist es aber das Ziel, Überstunden zu vermeiden.

Beispiel 11: Überstunden: Notwendige längere Arbeitszeit an besonders arbeitsintensiven Tagen wird durch eine entsprechende kürzere Arbeitszeit an anderen Tagen ausgeglichen.

Beispiel 12: Die durch Jahresarbeitszeitregelung (2002 Stunden pro Jahr, 52 Wochen, 38,5 Stunden-Woche, wöchentliche

Arbeitszeit von 35 Stunden) anfallende Mehrstunden werden am Jahresende in das Folgejahr übertragen. Der Ausgleich erfolgt durch zusätzlichen Urlaub. Für jede zehnte geleistete Mehrstunde gibt es zwei Freistunden.

c) Rechtlicher Entscheidungsrahmen

Maßgebend für die rechtliche Zulässigkeit von Über- und Mehrarbeit ist nicht mehr die Arbeitszeitordnung (aus dem Jahre 1938), sondern das Arbeitszeitgesetz vom 6. Juni 1994. Nach den gesetzlichen Bestimmungen beträgt zwar die werktägliche Arbeitszeit grundsätzlich 8 Stunden. Die Arbeitszeit kann jedoch auf 10 Stunden erhöht werden. Der Ausgleichszeitraum, in dem eine durchschnittliche Arbeitszeit von 8 Stunden erreicht werden muss, beträgt 6 Kalendermonate (bisher 1 Doppelwoche). Auf diese Weise kann über einen längeren Zeitraum bis zu 10 Stunden gearbeitet werden.

Darüber hinaus lässt § 7 ArbZG weitere Verlängerungen der Arbeitszeit zu, wenn Tarifverträge oder Betriebsvereinbarungen, die auf der Grundlage eines Tarifvertrages (Öffnungsklausel) geschlossen wurden, diesbezügliche Vorschriften vorsehen (siehe Anhang).

Die Tarifpartner haben die Möglichkeit, im Tarifvertrag einen Rahmen oder eine Höchstgrenze für die Zahl der wöchentlich oder monatlich zu leistenden Überstunden festzuschreiben.

Gemäß § 87 Abs. 1 Nr. 3 BetrVG hat der Betriebsrat ein zwingendes Mitbestimmungsrecht bezüglich der vorübergehenden Verkürzung oder Verlängerung der betriebsüblichen Arbeitszeit. Allerdings besteht das Mitbestimmungsrecht des Betriebsrates nur dann, wenn von der Einführung der Überarbeit mehrere Arbeitnehmer (kollektiver Bezug) betroffen sind. Soll nur ein Arbeitnehmer Überarbeit leisten, so besteht kein Mitbestimmungsrecht des Betriebsrates. Der Betriebsrat und der Arbeitgeber können die Einführung der Überarbeit sowohl durch eine formlose Regelungsabsprache als auch durch eine Betriebsvereinbarung, die gemäß § 77 Abs. 2 Satz 2 BetrVG schriftlich niedergelegt werden muss, einführen. Der Vorteil der Betriebsvereinbarung (im Vergleich zur Regelungsabrede) ist darin zu sehen, dass sie gemäß § 77 Abs. 4 Satz 1 BetrVG gegenüber den Arbeitnehmern des Betriebes eine unmittelbare und zwingende einzelvertragliche

Wirkung entfaltet wird und daher für die Arbeitnehmer bindend ist, ohne dass es einer zusätzlichen individualrechtlichen Vereinbarung bedarf.

Grundsätzlich ist der Arbeitnehmer nur verpflichtet, die vertraglich vereinbarte Normalarbeitszeit zu erbringen. Soll er darüber hinaus zusätzliche Arbeit leisten, muss hierüber eine vertragliche Vereinbarung (schriftlich, mündlich oder durch schlüssiges Verhalten) getroffen werden. Kraft seines Direktionsrechtes kann der Arbeitgeber nur in Ausnahmesituationen (Notfällen) vom Arbeitnehmer verlangen, dass dieser aufgrund seiner Treuepflicht Überarbeit leistet.

Einer einzelvertraglichen Vereinbarung bedarf es dann nicht, wenn bereits eine Betriebsvereinbarung über die Einführung von Überarbeit abgeschlossen worden ist.

d) Flexibilisierungspotenzial

Mit der Einführung der Überarbeit wird zugleich eine Option zur Veränderung der Arbeitszeitstruktur ausgeübt, wobei im Ergebnis die Arbeitszeit wieder erstarrt. Die Arbeitszeitform der Überarbeit ermöglicht somit nur eine beschränkte Flexibilisierung der Arbeitszeit. Durch die Verlängerung des Ausgleichszeitraums (§ 3 ArbZG) ist das „Flexibilisierungspotenzial" aber erheblich erweitert worden.

e) Bewertung

Für den Arbeitgeber stellt die Überarbeit eine optimale Möglichkeit dar, kurzfristige personelle Engpässe, die durch Urlaub, Krankheit oder andere Abwesenheitszeiten der Arbeitnehmer entstehen, zu überbrücken, sodass sie insbesondere dazu dient, den Personalbestand des Betriebes auf einem möglichst niedrigen Niveau zu belassen. Allerdings kann die Option zur Einführung der Überarbeit, soweit ein kollektiver Bezug gegeben ist, nur im Zusammenwirken mit dem Betriebsrat erfolgen.

Die Überarbeit bietet für den Arbeitnehmer den Vorteil, dass sich durch sie sein Lohn erhöht. Oft haben sich die Arbeitnehmer auf die zusätzlichen Einnahmen durch die Überarbeit eingestellt und wollen auf diese nur ungern verzichten. Allerdings sind bei häufiger und umfangreicher Überarbeit die hieraus resultierenden potenziellen Gesundheitsgefahren zu beachten.

Da durch die Überarbeit die Freizeitgestaltung des Arbeitnehmers respektive seiner Familie beeinträchtigt wird, sollte sie so früh wie möglich angekündigt werden, um den persönlichen Belangen des Arbeitnehmers Rechnung tragen zu können.

f) Ausblick

Auch für die Zukunft wird man davon ausgehen müssen, dass Überarbeit (Überstunden) weiterhin wegen der guten Reaktionsmöglichkeiten ihre betriebswirtschaftliche Bedeutung behält. Trotz gegenläufiger Initiativen der Gewerkschaften ist daher nicht damit zu rechnen, dass Überarbeit im großen Umfange abgebaut wird.

Auch dem „Bündnis für Arbeit“ ist es bisher nicht gelungen, Regelungen vorzuschlagen, die die Zahl der Überstunden tatsächlich verringern.

Obwohl es wünschenswert wäre, den Umfang der Überstunden zu reduzieren und statt dessen Arbeitskräfte neu einzustellen, wird man auch künftig auf Überarbeit nicht völlig verzichten können, um Arbeitsüberhänge abzubauen. Ob Überarbeit jedoch in dem bisherigen Umfang geleistet werden muss, erscheint zweifelhaft. Dies wird jedenfalls so lange der Fall bleiben, wie Gesetzgeber und/oder Tarifpartner die Überarbeit nicht drastisch verteuern oder verbieten. Ein entsprechender ernsthafter Wille ist z. Z. nicht ersichtlich.

3. Grundmuster: Schichtarbeit

a) Definition

Schichtarbeit liegt vor, wenn mindestens zwei Arbeitnehmer ein und dieselbe Arbeitsaufgabe erfüllen, indem sie sich regelmäßig nach einem fortlaufenden Plan ablösen, sodass der eine Arbeitnehmer arbeitet, während der andere arbeitsfreie Zeit hat, ohne dass der jeweils abgelöste Arbeitsplatz identisch sein muss. Für den Begriff der Schichtarbeit ist wesentlich, dass eine bestimmte Arbeitsaufgabe über einen längeren Zeitraum anfällt und daher von mindestens 2 Arbeitnehmern in einer geregelten zeitlichen Reihenfolge erbracht wird.

In der Praxis wird zwischen permanenten Schicht- und Wechselschichtsystemen unterschieden. Bei permanenten Schichtsystemen wird der Arbeitsplatz zwar nacheinander von mehreren Arbeitnehmern besetzt. Die einzelnen Arbeitnehmer arbeiten jedoch immer nur in einer Schicht. Bei Wechselschichtsystemen wechseln sich die Arbeitnehmer einer Schicht meist regelmäßig in der Schichtenfolge ab (z. B. Früh-, Spät- oder Nachtschicht).

Aus arbeitswissenschaftlicher Sicht sollte Folgendes beachtet werden:

- möglichst kurze Nachtschichtfolgen, in der Regel nicht mehr als zwei bis vier Nachtschichten hintereinander,
- ausreichende Ruhezeiten zwischen zwei Schichten,
- regelmäßige freie Wochenenden,
- keine Arbeitsperioden von 8 oder mehr Tagen,
- Vorwärtswechsel der Schichten, also Früh-, dann Spät-, dann Nachtschicht,
- Flexibilität bei den Übergabezeiten,
- Spielraum für individuelle Wünsche der Arbeitnehmer,
- rechtzeitige Information der Arbeitnehmer über den Schichtplan.

Unter der Schichtarbeit soll hier die Aufteilung der betrieblichen Arbeitszeit in mehrere Zeitabschnitte mit versetzten Anfangszeiten bzw. unterschiedlicher Lage sowie unterschiedlicher Dauer verstanden werden. Die Schichtarbeit beinhaltet also die Gelegenheit, die Lage der Arbeitszeit (nicht aber deren Dauer) – meist nur einmalig – zu verändern, sodass insoweit eine Option zur Abwandlung der – hiernach wieder endgültig fixierten – Arbeitszeit besteht. Die Schichtarbeit als Arbeitszeitform wird überwiegend von größeren Betrieben bevorzugt, während sie in kleineren Unternehmen selten zur Anwendung kommt. Auch neigen Großbetriebe dazu, im Mehrschichtsystem (Früh-, Spät-, Nachtschicht) zu arbeiten, um so eine bessere Ausnutzung der Maschinenlaufzeiten zu erreichen.

b) Praktizierte Arbeitszeitmodelle

Beispiel 1: Zwei-Schicht-Modell: Rollierende 4-Tage-Woche mit 9-Stunden/Tag bei 36 Stunden/Woche. Drei Arbeitnehmer kommen auf einen Arbeitsplatz (Früh-, Spät- und Freischicht). Die Arbeitnehmer müssen außerdem zwei von drei Samstagen (18 Stunden) arbeiten.

Beispiel 2: Stufenweise Betriebszeitenerweiterung zwischen Ein- und Zweischichtbetrieb. Durch die Besetzung von vier 1-Schicht-Arbeitsplätzen mit jeweils 5 Mitarbeitern ergeben sich folgende Betriebszeit-(-Zwischen-)Stufen: 40 Std./45 Std./50 Std./60 Std./70 Std. pro Woche:

- *40 Wochenstunden Betriebszeit (5:4-System):*
  Rollierendes Freizeitsystem. Jeder Mitarbeiter hat neben dem Samstag einen weiteren Tag pro Woche frei (vorwärts rollierend). Alle 5 Wochen resultiert daraus ein „superlanges" Wochenende von Donnerstagabend bis Dienstagfrüh. Ergibt 32 Std. wöchentliche Arbeitszeit und 8 Std. täglich.
- *45 Wochenstunden Betriebszeit:*
  Gegenüber 40 Std. wöchentlicher Arbeitszeit werden 9 Std. täglich gearbeitet. Bei 5 Mitarbeitern beträgt die wöchentliche Arbeitszeit 36 Std., bei 4 Mitarbeitern 45 Std./Woche.
- *50 Wochenstunden Betriebszeit:*
  Tagesarbeitszeit von 10 Std. Bei 4 Mitarbeitern sind das 40 Std./Woche, bei 5 Mitarbeitern entstehen 50 Std./Woche.
- *60 Wochenstunden Betriebszeit (6:4-System mit halber Spätschichtbesetzung):*
  Bei einer 5-Tage-Woche nur durch Zweitschicht möglich. Die Mitarbeiter kommen auf 38,5 Std./Woche.
- *70 Stunden Betriebszeit (7:4-System mit $^{3}/_{4}$-Spätschichtbesetzung):*
  Der betroffenen Arbeitsplatzgruppe werden zwei weitere Mitarbeiter zugewiesen. Wöchentliche Arbeitszeit von 38,5 Std.

Beispiel 3: Konti-Schicht-Modell: Hier werden 22 Arbeitstage auf 35 Kalendertage eines Schichtzyklus verteilt. Dadurch entstehen feststehende Freischichtblöcke von bis zu 4 Tagen innerhalb von 5 Wochen.

Beispiel 4: Betriebszeiterweiterung im Einschichtbetrieb in Kombination mit Gleitzeit (auch im gewerblichen Bereich):

- 6:5-System mit eingestreuten zusätzlichen freien Tagen.
- 6:5-System mit teilweise geblockten zusätzlichen freien Tagen.
- 6:5-System mit zusätzlicher Freiwoche.
- 5:4-System mit eingestreuten zusätzlichen freien Tagen.
- 5:4-System mit teilweise geblockten zusätzlichen freien Tagen.
- 5:4-System mit zusätzlicher Freiwoche.

Beispiel 5: Betriebszeiterweiterung zwischen Ein- und Zweischichtbetrieb, sodass eine Betriebszeit über 38,5 und unter 77 Wochenstunden realisiert werden kann:

- 3:2-System mit eingestreuten zusätzlichen freien Tagen im Einschichtbetrieb.
- 3:2-System mit vollständiger Einbeziehung der Spätschicht an einem Arbeitsplatz.
- 3:2-System mit teilweiser Einbeziehung der Spätschicht an einem Arbeitsplatz.
- 4:3-System mit Freiwoche im Einschichtbetrieb.
- 5:4-System mit eingestreuten zusätzlichen freien Tagen im Einschichtbetrieb.
- 5:4-System mit teilweiser Einbeziehung der Spätschicht.
- 7:4-System mit teilweise einbezogener Spätschicht und Freiwoche.

Beispiel 6: Flexible Erweiterung der Nutzungszeit einer CAD-Anlage:

- 5:2-System mit teilweise einbezogenem Samstag (Besetzungszeit von 6–20 Uhr und an 6 Tagen/Woche =

168 Stunden/Woche für 2 Arbeitsplätze).
Gleitzeitsystem: 2-stündige Gleitspanne zwischen der 1. und 2. Schicht (Beginn der 1. Schicht zwischen 6 und 7 Uhr, 2. Schicht zwischen 9.30 und 11.30 Uhr sowie Ende der Vormittagsschicht zwischen 14.30 und 16.30 Uhr). Zeitguthaben und -schulden werden über Zeitkonto geführt. Übertragung bis 15 Stunden in den Folgemonat.

Beispiel 7: Ausweitung der Betriebszeit im Mehrschichtbetrieb (einschl. Sonntagsarbeit), d.h. 19 Schichten über Ausweitung der regelmäßigen Betriebszeit auf Samstags 22 Uhr bis Sonntag 6 Uhr:

- *4-Schicht-System mit Einstellung einer zusätzlichen Schichtbelegschaft.* Schichtzyklus mind. 4 Wochen. Innerhalb von 12 Wochen werden jeweils 58 Schichten geleistet (18 Früh-, 19 Spät-, davon eine sonntags, sowie 21 Nachtschichten). Die Schichtlänge (= bezahlte Arbeitszeit von 8 Stunden) beträgt 38 Stunden, 40 Minuten/Woche. Die über die tarifliche wöchentliche Arbeitszeit von 38,5 Stunden hinaus geleisteten 10 Minuten addieren sich zu einer zusätzlichen Freischicht/ Jahr.
- *5-Schicht-System:* Schichtzyklus beträgt mindestens 5 Wochen. Innerhalb von 5 Wochen entstehen 3 Freizeitblöcke von 3 bzw. 4 Tagen. Insgesamt kurze Arbeitsphasen, wobei zwischen zwei Arbeitsphasen mind. 48 Stunden liegen. Die Sonntagsspätschicht ist individuell alle 15 Wochen einmal zu leisten. In 15 Wochen sind 58 achtstündige Schichten zu leisten. Hierdurch entsteht eine Zeitreserve von 3 Wochenstunden.
- *Gemischte Schichtsysteme.* 3 Vollzeitbelegschaften und 1 Teilzeitbelegschaft. Für „Vollzeit-/Teilzeitbelegschaft" gilt ein dreiwöchiger Schichtzyklus.

Beispiel 8: Vier-Schicht-Mannschaft: Die 1. Schicht arbeitet 40 Stunden/Woche, die 2. Schicht 32 Stunden/Woche, die 3. Schicht 48 Stunden/Woche und die 4. Schicht 24 Stunden/Woche. Im Durchschnitt 36-Stunden-Woche (wobei

40 Stunden/Woche bezahlt werden) bei einer Betriebszeit von 144 Stunden/Woche.

Beispiel 9: Zwei-Schicht-System: Frühschicht 5.45 Uhr bis 14 Uhr, Spätschicht 14 bis 22.15 Uhr. Der Schichtwechsel erfolgt wöchentlich. Maximale Betriebszeit von 136,25 Stunden, ergibt 37 Stunden/Woche (5 mal 24 Stunden, eine sechste Nachtschicht und Samstagsfrühschicht). Bis zu 10 Überstunden/Woche bzw. 20 Überstunden/Monat für die Dauer von 8 Wochen (in Form von Sonderschichten).

Beispiel 10: 2-Schicht-Wechselschicht
3-Schicht-Wechselschicht
Dauerfrüh-/Dauerspätschicht (5 Tage) sowie Dauernachtschicht (5 Tage von Montag bis Freitag, 22–6.00 Uhr).
Kontinuierliche Schichtenregelung.
Spezielle Schichtregelungen (verschiedene Freischichtmodelle): z. B. 3 Wochen täglich 8 Stunden, vierte Woche frei (über 30-Stunden-Vertrag). 1. Woche täglich 8 Stunden, eine Woche frei (über 20-Stunden-Vertrag). Vier Mitarbeiter in der 3-Schicht: Innerhalb von 3 Wochen werden 6 Tage Frühschicht, 5 Tage Spätschicht, 6 Tage Nachtschicht gearbeitet. Danach schließt sich eine Freiwoche an.
Mehrfachbesetzung von Arbeitsplätzen.
Mischformen: Mehrfachbesetzung/Schichtarbeit und Schichtarbeit/Teilzeit.
Testschichten im Bereich der Entwicklung und in Überlappung von Arbeitszeiten im Hinblick auf betriebliche Kontakte in die USA (7–23 Uhr).

Beispiel 11: „Neues Vollkonti-Arbeitszeitsystem" (inkl. Wochenendarbeit bei einer dann wöchentlichen Arbeitszeit von 37 Stunden):[12]

12 Es können aber 42 Stunden/Woche tatsächlich gearbeitet werden. Der Tarifvertrag sieht eine Wochenarbeitszeit von 39 Stunden vor, die mit 12 Stunden pro Monat bzw. mit 18 Tagen/Jahr gutgeschrieben werden.

Fünf-Belegschaftsgruppen-System bei einer Betriebszeit von 168 Stunden/Woche bei 33,6 Stunden[13] wöchentlicher Arbeitszeit. Bisher: *Gruppe 1* arbeitet 7 Tage Frühschicht von 6–14 Uhr und sonntags bis 18 Uhr. Danach folgt die Spätschicht von 14–22 Uhr. *Gruppe 2* arbeitet zunächst in der Spätschicht, dann in der Nachtschicht von 22–6 Uhr und sonntags von 18–6 Uhr. *Gruppe 3* beginnt mit der Nachtsschicht, dann folgen 7 freie Tage. *Gruppe 4* beginnt mit freien Tagen, danach folgen 7 Tage Frühschicht. Neu: Durch die zusätzliche *Gruppe 5* kann jetzt die Gruppe 1 häufiger wechseln zwischen Früh-, Spät- und Nachtschicht (keine 7-Tagesblöcke mehr). Für die Gruppen 2–5 nicht mehr als 3 Nachtschichten in Folge, danach 3 freie Tage.

Beispiel 12: Verschiedene Betriebszeitvarianten im Dreischichtbetrieb:

4:1-System bei 6-tägiger Betriebswoche. Die Betriebszeit beträgt 144 Stunden/Woche (einschließlich der Pausenzeiten) bei einer wöchentlichen Arbeitszeit von 36 Stunden (bei bezahlten Pausen ohne Schichtüberlappungen). 4:1-System bei 6-tägiger Betriebswoche mit zwei Vollzeit- und zwei Teilzeitbelegschaften. Die Vollzeitbelegschaft arbeitet 40 Stunden/Woche und die Teilzeitbelegschaft 32 Stunden/Woche.

4:1-System mit drei Vollzeit- und einer Teilzeitbelegschaft bei einer 6-Tage-Betriebswoche. Die Betriebszeit (entspricht der Summe der Belegschafts-Arbeitszeiten) beträgt 144 Stunden/Woche. Die Vollzeitbelegschaft arbeitet 40 Stunden und die Teilzeitbelegschaft 24 Stunden/Woche. Eine Vollzeitbelegschaft beginnt in der 1., eine in der 3. und eine andere in der 5. Woche. Eine andere Möglichkeit besteht darin, dass die Vollzeitbelegschaften A, B, C 38 Wochenstunden und eine Teilzeitbelegschaft D 30 Wochenstunden arbeiten.

13 Die Differenz zwischen 33,6 Stunden und 37 Stunden wöchentlicher Arbeitszeit wird durch Ausgleichszeiten abgedeckt. Das bedeutet pro Mitarbeiter und Jahr zusätzlich 17 Arbeitstage, die gleichmäßig verteilt sind auf Tages-, Spät- und Nachtschichten.

- *6-Tage-Betriebswoche mit 2/3-Besetzung der Nachtschicht mit zwei Vollzeit- und zwei Teilzeitbelegschaften.* Vollzeitbelegschaften arbeiten 40 Stunden/Woche, Teilzeitbelegschaften 24 Stunden/Woche.
- 6-Tage-Betriebswoche mit 2/3-Besetzung der Nachtschicht mit 9/3-Belegschaften. Betriebszeit von 144 Stunden (rechnerisch 128 Stunden wöchentliche Arbeitszeit) und durchschnittliche Arbeitszeit von 42,67 Wochenstunden, d.h. bei 40-Stunden-Woche hat man alle drei Wochen eine zusätzliche Freischicht.

Im Übrigen wird auf die Schichtmodelle, die im Einigungsstellenverfahren beschlossen wurden, verwiesen (siehe Anlage V. S. 181). Umstritten war in diesem Verfahren, das die Arbeitszeit eines Pflegeheimes betraf, insbesondere der Umfang der Sonntagsarbeit, die Einhaltung der „Fünf-Tage-Woche" sowie die Frage nach der Bewältigung sogenannter „Arbeitsspitzen".

c) Rechtlicher Entscheidungsrahmen

Durch zahlreiche Arbeitsschutzgesetze ist für bestimmte Gruppen von Arbeitnehmern die Schichtarbeit nur eingeschränkt möglich. So ist für Jugendliche nach § 14 Abs. 1 JASchG die Arbeit grundsätzlich auf die Zeit von 6–20 Uhr beschränkt und im Mehrschichtbetrieb nur von 6 bis 23 Uhr gestattet (zu den Ausnahmen vgl. § 14 Abs. 2 JASchG). Werdende und stillende Mütter dürfen nicht zwischen 20 und 6 Uhr beschäftigt werden und keine Mehrarbeit über 8,5 Stunden pro Tag leisten (§ 8 Abs. 1 Nr. 3 MuSchG).

Früher durften Arbeiterinnen (gewerbliche Arbeitnehmerinnen) nicht in der Nachtzeit von 20 bis 6 Uhr und an den Tagen vor Sonn- und Feiertagen nicht nach 17 Uhr beschäftigt werden.

Nach einem Urteil des Bundesverfassungsgerichtes vom 28. 1. 1992 (1 BvR 1025/82, 1 BvL 16/83 und BvL 10/91) verstieß das in § 19 AZO enthaltene Nachtarbeitsverbot wegen der Benachteiligung von Arbeiterinnen im Vergleich zu Arbeitern und weiblichen Angestellten gegen den Gleichheitssatz des Art. 3 Abs. 1 und 3 GG.

Im ArbZG ist eine § 19 Abs. 1 AZO entsprechende Regel nicht mehr enthalten. Das Nachtarbeitsverbot für Arbeiterinnen hat damit keine gesetzliche Grundlage mehr, sodass Nachtarbeit auch für gewerbliche Arbeitnehmerinnen (Arbeiterinnen) zulässig ist.

Nach wie vor kann (jetzt gemäß § 7 Abs. 1 ArbZG) die Arbeitszeit durch Tarifvertrag auf bis zu 10 Stunden täglich verlängert werden. In diesem Zusammenhang ist anzumerken, dass es allgemein anerkannt ist, dass durch einen Tarifvertrag zugleich auch ein längerer Zeitraum, in dem die IRWAZ im Durchschnitt erreicht bzw. ausgeglichen werden muss (Ausgleichszeitraum), festgelegt werden kann. Nach § 6 ArbZG darf die werktägliche Arbeitszeit der Nachtarbeitnehmer grundsätzlich 8 Stunden nicht überschreiten. Auch von dieser Regelung kann jedoch abgewichen werden, wenn kollektivvertraglich etwas anderes vereinbart ist (§ 7 Abs. 1 Nr. 4a ArbZG) oder wenn innerhalb von 4 Wochen im Durchschnitt eine Arbeitszeit von 8 Stunden werktäglich eingehalten wird (§ 6 Abs. 2 Satz 2 ArbZG).

Regelungen über die Einführung und Gestaltung von Schichtarbeit können auch im Tarifvertrag enthalten sein. Soweit die Schichtarbeit gekoppelt ist mit einer Umverteilung der Arbeitszeit, sind die tarifvertraglichen Vorgaben für den tarifgebundenen Arbeitgeber zu beachten.

Die Schichtarbeit als solche hat sowohl Auswirkung auf Beginn und Ende der täglichen Arbeitszeit als auch auf die Verteilung der Arbeitszeit auf die einzelnen Wochentage, sodass ein zwingendes Mitbestimmungsrecht des Betriebsrates gemäß § 87 Abs. 1 Nr. 2 BetrVG besteht.

Ferner ist zu beachten, dass teilweise durch tarifliche Bestimmungen die konkrete Umsetzung der Arbeitszeitflexibilisierung den Betriebspartnern, also Betriebsrat und Arbeitgeber, überlassen worden ist. Mit Hilfe tarifvertraglicher Öffnungsklauseln erhalten die Betriebspartner die Möglichkeit zum Abschluss von Betriebsvereinbarungen, die den Tarifvertrag ergänzen (sogenannte Betriebsvereinbarungen gemäß § 77 Abs. 3 Satz 2 BetrVG). Dies bedeutet eine Erweiterung der Regelungskompetenz der Betriebspartner, weil – ohne tarifliche Öffnungsklauseln – gemäß § 77 Abs. 3 Satz 1 BetrVG Arbeitsentgelte und sonstige Arbeitsbedingungen, wozu insbesondere auch die Arbeitszeit zählt, dann nicht Gegenstand einer Betriebsvereinbarung sein können, wenn sie durch Tarifvertrag geregelt sind oder üblicherweise geregelt werden.

Im Ergebnis bedeutet dies, dass die betriebliche Regelungsebene gestärkt worden ist. Allerdings müssen Betriebsrat und Arbeitgeber die tarifvertraglichen Vorgaben beachten, können also nicht von diesen abweichen. Wie konkret die jeweiligen Vorgaben sind, hängt von dem jeweiligen Verbands- oder einem Haustarifvertrag ab. Da im Haustarifvertrag näher auf die besonderen betrieblichen Strukturen eingegangen wird, dürfte in diesem Falle der Gestaltungsbereich der Betriebspartner geringer als bei einem branchenbezogenen und daher allgemeiner gehaltenem Tarifvertrag sein.

Durch die dargestellte Tariföffnungsklausel besteht somit für den tarifgebundenen Betrieb die Möglichkeit, durch den Abschluss einer Betriebsvereinbarung, die gemäß § 77 Abs. 4 Satz 1 BetrVG für alle Arbeitnehmer unmittelbar und zwingend ist, eine einheitliche Arbeitszeitgestaltung herbeizuführen.

Nur soweit keine Tarifsperre besteht (§ 77 Abs. 3 Satz 1 BetrVG), können Arbeitgeber und Betriebsrat von sich aus Betriebsvereinbarungen über die Gestaltung der Arbeitszeit abschließen. Auch das ArbZG bestimmt nämlich, dass abweichende Regelungen in einem Tarifvertrag oder aufgrund eines Tarifvertrages in einer Betriebsvereinbarung zugelassen werden können. Insoweit hat sich die Rechtslage durch das ArbZG nicht geändert. Allerdings ist der Umfang der gesetzlichen Ausnahmeregelungen in § 7 ArbZG vergrößert.

In der arbeitsrechtlichen Literatur ist umstritten, ob der Arbeitgeber bereits aufgrund seines Direktionsrechts die Schichtarbeit in seinem Betrieb einführen kann. Daher empfiehlt es sich, bereits bei Abschluss des Einzelarbeitsvertrages mit dem Arbeitnehmer zumindest die Option für die Einführung der Schichtarbeit zu vereinbaren. Falls dies versäumt wurde, besteht nachträglich die Möglichkeit, im Wege einer Änderungskündigung diese Option zu schaffen.

Findet auf das Arbeitsverhältnis keine kollektivrechtliche Regelung Anwendung, so ist für die Umverteilung der Arbeitszeit eine entsprechende einzelvertragliche Vereinbarung erforderlich.

Wie die oben unter Punkt b dargestellten Schichtmodelle zeigen, wird die Arbeitszeitform „Schicht“ neben den bereits erwähnten Modellen auch mit anderen Arbeitszeitformen (Gleitzeit, Freischichtmodell) kombiniert. Die hieraus resultierenden besonderen rechtlichen Voraussetzungen werden jeweils bei den entsprechenden Arbeitszeitformen behandelt.

d) Flexibilisierungspotenzial

Das Flexibilisierungspotenzial, das mit der Einführung der Schichtarbeit, allein oder in Verbindung mit anderen Modellen, verbunden ist, besteht in erster Linie darin, dass einmal eine Option zur Veränderung der Arbeitszeit ausgeübt werden kann. Ist dies geschehen, so besteht wiederum eine starre Arbeitszeit. Die Schichtarbeit kann somit nur als beschränkt flexible Arbeitszeitform bewertet werden. Insgesamt besteht daher nur ein (geringes) *beschränktes* Flexibilisierungspotenzial. Die Schichtarbeit ist daher als beschränkt flexible Arbeitszeit zu bewerten.

e) Bewertung

Für den Arbeitgeber hat die Schichtarbeit den Vorteil, dass sie zu einer effektiveren Ausnutzung der technischen Einrichtungen seines Betriebes führt, weil insbesondere die Maschinenlaufzeiten erheblich ausgedehnt werden können. Deutlich wird dies beim Dreischichtbetrieb. Durch die Kombination der traditionellen Schichtarbeit mit der Umverteilung der Arbeitszeit wird eine bessere Arbeitsplatzausnutzung und eine daraus resultierende abgestufte Kapazitätserweiterung möglich. Hierdurch lassen sich Kosten einsparen, die mit der Verkürzung der wöchentlichen Arbeitszeit verbunden sind. So besteht die Möglichkeit, im Zweischicht-Betrieb die Schichtdauer auf je 10 Stunden festzulegen. Dies bedeutet eine Maschinenlaufzeit von 20 Stunden pro Tag. Daneben könnte noch eine dritte Schicht mit jeweils vier Stunden eingeführt werden (Teilzeit). Selbstverständlich sind noch weitere Kombinationen denkbar.

Aus finanzieller Sicht hat insbesondere die Kombination der Schichtarbeit mit der Umverteilung der Arbeitszeit den Vorteil, dass durch die Verlängerung der Arbeitszeit auf 10 Stunden eine zusätzliche Vergütung der Überstunden entfällt. Dies gilt auch dann, wenn nach den vereinbarten Schichtplänen der Samstag als regulärer Arbeitstag vorgesehen ist. Insoweit kann mit der Schichtarbeit eine Senkung der Betriebskosten erreicht werden.

Als Nachteil für den Arbeitgeber steht dem die Notwendigkeit eines umfassenden Arbeitszeitmanagements gegenüber, das ebenfalls mit gewissen Kosten verbunden ist, um die Arbeitszeit der einzelnen Arbeitnehmer zu koordinieren und eine kontinuierliche Produktion zu gewährleisten.

Soweit die traditionelle Schichtarbeit als Wechselschicht durchgeführt wird, entstehen für den Arbeitnehmer teilweise erhebliche Belastungen. So zeigt sich, dass gerade der wöchentliche Rhythmuswechsel von Früh-, Spät- und Nachtschicht mit nicht unerheblichen physischen wie psychischen Belastungen verbunden ist. Dies könnte dadurch gemildert werden, dass ein längerer Schichtrhythmus (z.B. ein Monat) anstelle des wöchentlichen Wechsels vereinbart wird. Auch bietet sich die Möglichkeit an, durch den Vierschicht-Betrieb eine Entlastung des Arbeitnehmers zu erreichen. Es könnte insbesondere die gesundheitsgefährdende Nachtschicht gegenüber den anderen Schichten verkürzt werden. Eine arbeitnehmerfreundliche Ausgestaltung der Schichtarbeit könnte dadurch erfolgen, dass die Schichtarbeit mit der Umverteilung der Arbeitszeit verbunden wird. Die Arbeitnehmer erhielten einen längeren Freizeitblock und dadurch mehr Zeitsouveränität.

Insgesamt ist festzustellen, dass die bloße Schichtarbeit für den Arbeitnehmer nicht vorteilhaft ist. Erst in Verbindung mit anderen Arbeitszeitformen lassen sich die Nachteile der Schichtarbeit für den einzelnen Arbeitnehmer abmildern.

f) Ausblick

Angesichts der zunehmenden Technisierung der Arbeitsabläufe wird auch in Zukunft die Schichtarbeit als Arbeitszeitform wesentliche Bedeutung behalten. Durch die Globalisierung und die teilweise bestehende Notwendigkeit ganztätiger Kommunikation mit Firmen, die im Ausland ansässig sind, wird sich die Verbreitung der Schichtarbeit – auch im Verwaltungsbereich – ebenfalls erhöhen.

Aufgabe eines modernen Arbeitszeitmanagements, welches auch die Interessen der Arbeitnehmer (human ressources) berücksichtigt, muss es daher sein, die Schichtarbeit so auszugestalten, dass gesundheitliche Gefahren für die Arbeitnehmer minimiert werden und sich deren Arbeitszufriedenheit erhöht. In diesem Sinne bietet es sich an, die Schichtarbeit mit anderen Arbeitszeitformen zu kombinieren, insbesondere dem Freischichtmodell.

4. Grundmuster: Freischicht

a) Definition

Unter der Freischicht kann man die Gewährung von Freizeit zum Ausgleich von Mehr- oder Überarbeit verstehen. Diese kann aber nicht nur durch Überstunden oder Mehrarbeit angefallen oder entstanden sein, sondern auch dadurch, dass aufgrund einer tarifvertraglichen Verkürzung der Wochenarbeitszeit auf weniger als 40 Stunden diese aus arbeitsorganisatorischen Gründen, z.B. zur Aufrechterhaltung der Kontinuität der Produktion, beibehalten worden ist. Für diese Art von Fällen entfaltet das „Freischicht-Modell" seine praktische Bedeutung. Es ist als „Flexi 3" aufgrund des so genannten „Leber-Kompromisses" in der Metallindustrie im Jahre 1984 bekannt geworden. Durch die weitere Verkürzung der Arbeitszeit entsteht aber eine Vielzahl von Freischichten, wenn man eine Arbeitszeit von 8 Stunden täglich beibehält, die zu organisieren und abzurechnen für die Arbeitgeber zunehmend zum Problem wird.

b) Praktizierte Arbeitszeitmodelle

Beispiel 1: Durch eine kollektiv- oder individualrechtliche Regelung wird die individuelle regelmäßige Arbeitszeit auf 38 Stunden /Woche reduziert. Der Arbeitnehmer arbeitet aber weiterhin 5 Tage/Woche, 8 Stunden/Woche. Folge: Nach 4 Wochen entsteht Anspruch auf eine Freischicht. Würde sich die regelmäßige individuelle Arbeitszeit auf 36 Stunden/Woche verkürzen, würde (bei gleichen Bedingungen) bereits nach 2 Wochen ein Anspruch auf eine Freischicht entstehen (26 Freischichten/Jahr).

Beispiel 2: Im Dreischicht-Betrieb beträgt die wöchentliche Arbeitszeit in der Früh- und Spätschicht 40 Stunden, sodass in der Nachtschichtwoche an einem Tag (Freitag) nicht gearbeitet werden muss (im Tarifvertrag ist die 37-Stunden-Woche vereinbart).

Beispiel 3: Spezielle Schichtregelungen durch verschiedene Freischichtmodelle: 3 Wochen täglich 8 Stunden, vierte Woche frei (über 30-Stunden-Vertrag). 1 Woche täglich 8 Stunden, eine Woche frei durch 20-Stunden-Vertrag. Vier Mitarbeiter arbeiten im Dreischicht-Betrieb innerhalb von 3 Wochen 6 Tage Frühschicht, 5 Tage Spätschicht, 6 Tage Nachtschicht, und danach folgt eine Freiwoche.

Im Übrigen wird auf die Modelle zur Schichtarbeit verwiesen.

c) Rechtlicher Entscheidungsrahmen

Im Mittelpunkt des allgemeinen gesetzlichen Arbeitszeitschutzes steht das ArbZG, das die höchstzulässigen Arbeitszeiten festlegt.

Aus dem Bereich des Sonderschutzes für bestimmte Personengruppen sind das Schwerbehindertengesetz, das JASchG sowie das MuSchG zu beachten. So sind Schwerbehinderte auf ihr Verlangen von Mehrarbeit freizustellen (§ 46 SchwbG). Bei der Beschäftigung Jugendlicher sind vor allem die §§ 8 ff. JASchG zu beachten, wonach die tägliche Arbeitszeit nicht mehr als acht und die wöchentliche nicht mehr als 40 Stunden betragen darf; außerdem ist unter Einhaltung der 5-Tage-Woche die Samstags- und Sonntagsruhe zu gewähren. Im Übrigen gelten für Arbeitnehmerinnen, die unter das MuSchG fallen, das Verbot von Mehrarbeit und Nachtarbeit sowie ein Beschäftigungsverbot für Sonn- und Feiertage (§ 8 MuSchG).

Die vorstehend aufgeführten Freischicht-Modelle entsprechen sämtlich den Anforderungen des ArbZG, sodass ihrer Anwendung keine gesetzlichen Verbote entgegenstehen, wobei der Sonderschutz für bestimmte Personengruppen zu beachten ist.

Für die Anwendung von Freischicht-Modellen sind in der betrieblichen Praxis vielfach kollektivvertragliche Regelungen in Tarifverträgen und Betriebsvereinbarungen maßgeblich. Dabei enthalten Tarifverträge Rahmenbedingungen, die durch Betriebsvereinbarungen zu ergänzen sind (§ 77 Abs. 3 Satz 2 BetrVG). Es ist jeweils zu prüfen, inwieweit der anzuwendende Tarifvertrag einen Gestaltungsspielraum für Betriebsvereinbarungen vorsieht (Öffnungsklausel). Soweit es sich um abschließende tarifvertragliche Regelungen handelt, sind Arbeitgeber und Betriebsrat hieran gebunden (§ 77 Abs. 3 Satz 1 BetrVG). Dies gilt z. B. für zwingende Regelungen über den tarifvertraglich festgelegten Ausgleichszeitraum für die Gewährung von Freischichten; sieht der Tarifvertrag hierfür einen bestimmten Zeitraum (z. B. sechs oder zwölf Monate) vor, dürfen Betriebsvereinbarungen hieran nichts ändern.

Nach Auffassung des Bundesarbeitsgerichts gelten ergänzende Betriebsvereinbarungen, die aufgrund einer tarifvertraglichen Öffnungsklausel (§ 77 Abs. 3 Satz 2 BetrVG) ergangen sind, gegenüber allen Belegschaftsmitgliedern, auch wenn diese z. T. nicht oder anders organisiert sind (§ 77 Abs. 4 Satz 1 BetrVG).

Soweit keine Tarifsperre besteht (§ 77 Abs. 3 Satz 1 BetrVG), können Arbeitgeber und Betriebsrat von sich aus Betriebsvereinbarungen über die Einführung von Freischicht-Modellen abschließen (§ 87 Abs. 1 Nr. 2 BetrVG). Eine bloße mündliche „Regelabsprache" zwischen Arbeitgeber und Betriebsrat zur Erfüllung des Zustimmungserfordernisses hätte keine unmittelbare und zwingende Wirkung gegenüber den Belegschaftsmitgliedern. Damit das vorgesehene Freischicht-Modell auf die Arbeitsverhältnisse der betroffenen Arbeitnehmer angewandt werden kann, ist in jedem Falle der Abschluss einer Betriebsvereinbarung erforderlich (vgl. § 77 Abs. 4 Satz 1 BetrVG). Ist kein Betriebsrat vorhanden, kommen nur individualrechtliche Vereinbarungen in Betracht.

Das Betriebsverfassungsgesetz findet in einem betriebsratslosen Betrieb keine Anwendung. Die Einführung von Freischicht-Modellen kann in diesem Fall nur durch arbeitsvertragliche Absprachen erfolgen. Man spricht hier von „arbeitsvertraglicher Einheitsregelung". Diese kann durch betriebliche Bekanntmachung des Arbeitgebers und stillschweigende Hinnahme durch die Mitarbeiter zustande kommen. Für die Zulässigkeit der Einführung eines Freischicht-Modelles durch Einheitsregelungen gelten die oben erwähnten gesetzlichen Grundlagen.

d) Flexibilisierungspotenzial

Mit zunehmender Verkürzung der Wochenarbeitszeit nimmt die Zahl der Freischichten zu. Bei einer Verkürzung der Wochenarbeitszeit von 40 auf 38,5 Stunden entsteht die erste Freischicht nach 36 Arbeitstagen; auf das Jahr als Ausgleichszeitraum berechnet, entstehen insgesamt 9 Freischichten. Bei einer Wochenarbeitszeit von 37 Stunden entsteht die erste Freischicht nach 13 Tagen; die jährliche Summe der Freischichten beläuft sich auf 24. Bei einer Wochenarbeitszeit von 35 Stunden (in der Metallindustrie seit 1. 10. 1995) entsteht die erste Freischicht nach acht Arbeitstagen. Die Summe der jährlich anfallenden Freischichten beträgt 30 Tage, also soviel wie der durchschnittliche Jahresurlaub, der sich damit faktisch auf das Doppelte erhöht.

Beim Freischicht-Modell nimmt das Flexibilisierungspotenzial, d.h. die Anzahl der Freischichten, mit der Verkürzung der Wochenarbeitszeit ständig zu. Da die Freischichten zusätzlich zu dem tariflichen Jahresurlaub zu gewähren sind, können daraus für das Arbeitszeitmanagement erhebliche organisatorische Schwierigkeiten entstehen.

Tabelle 3: Freischicht (Flexi 3)

WAZ	Erste Freischicht	Ausgleichszeitraum z.B. 1 Jahr
40 Stunden	0	0
38,5 Stunden	26	9
37 Stunden	13	18
36 Stunden	10	24
35 Stunden	8	30

e) Bewertung

Vor- und Nachteile der Arbeitszeitflexibilisierung können sich unterschiedlich darstellen, je nachdem, ob man sie aus der Interessenlage des Arbeitgebers oder des Arbeitnehmers bewertet.

	Mo	Di	Mi	Do	Fr	Sa	So	Mo	Di	Mi	Do	Fr	Sa	So	Mo	Di	Mi	Do	Fr	Sa	So
Früh-schicht	A	A	C	C	C	C		C	C	B	B	B	B		B	B	A	A	A	A	
Spät-schicht	B	B	B	B	A	A		A	A	A	A	C	C		C	C	C	C	B	B	
	1. Woche							2. Woche							3. Woche						

Die Individuellen Schichtpläne der Arbeitnehmer A, B und C

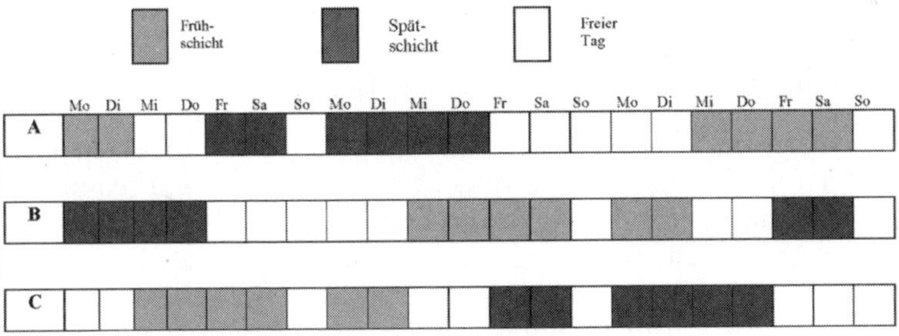

Schichteinteilung/Variante Zweischichtbetrieb

Abbildung 2: Kombination Schicht/Freischicht-Modell

Das Freischicht-Modell ist in erster Linie „unternehmerorientiert". Dieses Modell hat für den Arbeitgeber den Vorteil, dass eine kontinuierliche Produktion gewährleistet ist, ohne dass eine wesentliche Änderung der Arbeitsorganisation erforderlich wird, wobei sich der Zeitausgleich praktisch wie eine Erhöhung des Jahresurlaubs auswirkt. Allerdings ist zu bedenken, dass bei weiterer Arbeitszeitverkürzung – bis zu 35 Wochenstunden – das Freischichten-Modell praktisch undurchführbar und deshalb unattraktiv werden kann. Dies gilt besonders für Mehrschichtbetriebe mit industrieller Produktion; so hat beispielsweise die VW-AG schon 1989, also bei der Reduzierung der Wochenarbeitszeit auf 37,5 Stunden, die Freischichtenregelung im Verwaltungsbereich abgeschafft und durch die Einführung von Gleitzeit ersetzt.

Bei weiterer Arbeitszeitverkürzung bietet sich als Alternative die direkte Weitergabe der Arbeitszeitverkürzung an einzelnen Wochentagen – bei gleichzeitiger Beibehaltung der bisherigen Freischichtenregelung – an.

Die Vorteile für die Arbeitnehmer liegen auf der Hand; der Jahresurlaubsanspruch erhöht sich faktisch durch die Anzahl der jährlichen Freischichten. Hat der einzelne Arbeitnehmer zudem noch ein terminliches Wahlrecht (Option) oder eine Mitsprachemöglichkeit bei der Festlegung der einzelnen Freischichten, gewinnt er darüber hinaus ein Stück Zeitsouveränität.

f) Ausblick

Zwar sehen die meisten Manteltarifverträge keine ausdrücklichen Regelungen über Freischichten-Modelle vor. Dies mag u.a. damit zusammenhängen, dass die Praxis das Freischichten-Modell bei zunehmender Arbeitszeitverkürzung und steigender Anzahl der Freischichten als nicht mehr „händelbar" ansieht. Mehr Entscheidungsspielraum lässt sich daher dadurch gewinnen, dass man für den Ausgleich der zuviel geleisteten Überarbeit nicht mehr auf den Zeitraum eines Jahres abgestellt, sondern „Freizeitkonten" einrichtet, über die der Arbeitnehmer mehr oder weniger frei verfügen kann, wie dies bereits von einigen Firmen praktiziert wird. Durch eine derartige Weiterentwicklung ist das Freischichten-Modell auch in Zukunft nach wie vor praktizierbar und daher empfehlenswert. Voraussetzung dafür ist aber vielfach eine Verlängerung des Ausgleichszeitraumes.

5. Grundmuster: Einfache Gleitzeit

a) Definition

Bei der Arbeitszeitform der einfachen Gleitzeit hat der einzelne Arbeitnehmer die Möglichkeit, Beginn und Ende der täglichen Arbeitszeit – innerhalb bestimmter Grenzen (z.B. von 7.00 bis 9.00 und von 15.00 bis 17.00) – frei zu wählen. Die Dauer der täglichen Arbeitszeit (z.B. 8 Stunden) liegt jedoch fest. Dabei kommt der einfachen Gleitzeit bei weitem nicht die Bedeutung wie der qualifizierten Gleitzeit (vgl. unter 6.) zu.

b) Praktizierte Arbeitszeitmodelle

Einzelne Unternehmen der Eisen-, Metall- und Elektroindustrie (z.B. MTU Friedrichshafen GmbH), der Chemieindustrie (z.B. Schering AG, Berlin) sowie das Dienstleistungsgewerbe (z.B. Speditionen) praktizieren Modelle der einfachen Gleitzeit.

Beispiel: Gleitzeit im Zweischichtbetrieb: Gleitzeitregelung, wobei zwar die Mitarbeiter ihre Arbeitszeit hinsichtlich der Lage selber innerhalb bestimmter Grenzen festlegen können, jedoch eine Gleitmöglichkeit nur bei Beginn der Frühschicht bzw. am Ende der Spätschicht besteht. Ansonsten ist die Schichtübergabe um 13 Uhr fix. Die Ein- bzw. Ausgleitphase beträgt dabei jeweils 50 Minuten. Es besteht weiterhin die Möglichkeit der Freinahme von halben Tagen.

c) Rechtlicher Entscheidungsrahmen

Zu beachten ist insbesondere das Arbeitszeitgesetz (ArbZG). Möglich ist, dass bereits im Tarifvertrag eine Option über die Gleitzeit vereinbart wird.

Die Einführung und Ausgestaltung der einfachen Gleitzeit unterliegt dem Mitbestimmungsrecht des Betriebsrates gemäß § 87 Abs. 1 Nr. 2 BetrVG, da hierdurch die Lage und Verteilung der Arbeitszeit betroffen ist. Ein Mitbestimmungsrecht des Betriebsrates ist gemäß § 87 Abs. 1 BetrVG aber dann nicht gegeben, wenn bereits eine tarifvertragliche Regelung besteht, die im konkreten Betrieb zu beachten ist (d.h. die einseitige Tarifbindung des Arbeitgebers genügt).

Bereits im Einzelarbeitsvertrag kann eine Option über die Gleitzeitarbeit enthalten sein. Trotz einer vertraglichen Vereinbarung besteht auch weiterhin das Mitbestimmungsrecht des Betriebsrates gemäß § 87 Abs. 1 Nr. 2 BetrVG.

d) Flexibilisierungspotenzial

Bei der Arbeitszeitform der einfachen Gleitzeit besteht eine Flexibilisierungsoption des Arbeitnehmers nur hinsichtlich der Lage der Arbeitszeit. Jedoch kann die Lage der Arbeitszeit permanent abgeändert werden, sodass durch die einfache Gleitzeit eine flexible Arbeitszeit eingeführt wird (vgl. Abb. 3: qualifizierte „GAZ“, S. 61)

e) Bewertung

Für den Arbeitgeber bietet die Einführung der einfachen Gleitzeit den unmittelbaren Vorteil, dass sich die Arbeitszufriedenheit erhöhen kann.

Indem der Arbeitnehmer über den Beginn und das Ende seiner täglichen Arbeitszeit permanent entscheiden kann, begründet die einfache Gleitzeit für ihn eine gewisse, wenn auch bescheidene Zeitsouveränität.

f) Ausblick

Die einfache Gleitzeit wird auch weiterhin sowohl in der Verwaltung wie auch in der Produktion Anwendung finden. Jedoch zeichnet sich ab, dass sie immer mehr durch die sogenannte qualifizierte Gleitzeit ersetzt wird.

6. Grundmuster: Qualifizierte Gleitzeit

a) Definition

Während sich bei der einfachen Gleitzeit die Gestaltungsoption lediglich auf die Lage der Arbeitszeit bezieht, kann der Arbeitnehmer bei der qualifizierten Gleitzeit sowohl über Lage als auch Dauer der täglichen Arbeitszeit entscheiden. In der Regel werden z.Z. noch bestimmte Kernarbeitszeiten vorgegeben, während denen betriebliche Anwesenheit erforderlich ist, um die innerbetriebliche Kommunikation zu gewährleisten. Jedoch besteht für den einzelnen Arbeitnehmer die Möglichkeit, die Arbeitszeit außerhalb der Kernzeit unterschiedlich auf die verschiedenen Arbeitstage oder gar Wochen zu verteilen und innerhalb bestimmter Zeiträume durch Überarbeit auszugleichen. Dazu Näheres unten.

Ein Weg zum Abbau bzw. zur Verhinderung von hohen Zeitkontosalden ist das Modell „Ampelkonto“. Hiernach unterscheidet man die

„Grüne Phase“ (z.B. 0 bis +/– 10 Stunden), die „Gelbe Phase“ (z.B. a +/– 11 bis + 25/– 15 Stunden) und die „Rote Phase“ (z.B. ab + 26/– 16 bis + 150/– 50 Stunden). In der grünen Phase entscheiden die Mitarbeiter immer selbständig über den Stundenbereich; in der gelben Phase sind meist mit dem Vorgesetzten Maßnahmen zum Zeitausgleich (entsprechender Minderarbeit) zu vereinbaren. In der roten Phase muss zu den zu ergreifenden Ausgleichsmaßnahmen zusätzlich eine Analyse des zu hohen Arbeitszeitkontos vorausgehen.

b) Praktizierte Arbeitszeitmodelle

Im Gegensatz zur einfachen Gleitzeit ist die qualifizierte Gleitzeit weit verbreitet, insbesondere im „verwaltenden“ Bereich und im Dienstleistungssektor. Im Fertigungsbereich (Produktion) bestimmen heutzutage vielfach teilautonome Arbeitsgruppen über die Organisation der Arbeitszeit, sodass sie innerhalb des betrieblichen Entscheidungsrahmens auch qualifizierte Gleitzeit praktizieren dürfen.

Qualifizierte Gleitzeit ist in allen Branchen präsent.

Beispiel 1: Die Mitarbeiter bestimmen selber Beginn und Ende ihrer täglichen Arbeitszeit innerhalb bestimmter Grenzen. Der Arbeitsbeginn erfolgt zwischen 6.30 und 8.00 Uhr, das Arbeitsende liegt zwischen 15.12 und 17.30 Uhr. Kernzeit zwischen 8.00 und 15.12 Uhr, die durch eine flexible Mittagspause zwischen 11.45 und 13.15 Uhr (45 Minuten) unterbrochen ist. Ein Zeitguthaben von 20 Stunden und eine Zeitschuld von 10 Stunden können in den folgenden Monat übertragen werden. Bei vorhandenen Guthaben kann der Arbeitnehmer bis zu 13 Tage zusätzlich zum Jahresurlaub frei nehmen.

Beispiel 2: Cafeteria-Modell (über Zeitgutschrift): Gleitzeitkonto erfasst alle zuviel oder zuwenig geleisteten Arbeitsstunden. Plus-Stunden werden wie Überstunden behandelt, die Stunden kommen auf Langzeitkonten (Guthaben werden in Zeit bezahlt, oder es resultiert längerer Urlaub).

Beispiel 3: Basis ist die Regelarbeitszeit entsprechend dem jeweils gültigen Tarifvertrag. Die tarifliche durchschnittliche

tägliche Regelarbeitszeit beträgt seit dem 1. 4. 1993 7,2 Stunden. Der Mitarbeiter hat in Abstimmung mit seinem Vorgesetzten seine persönlichen Bedürfnisse und die betrieblichen Belange bei der Einteilung seiner Arbeitszeit zu berücksichtigen. Für die Wahl der persönlichen Arbeitszeit wird
a) eine tägliche Rahmenarbeitszeit
- von Montag bis Freitag von 6.30–19.00 Uhr
- Mindestarbeitszeit von 4 Stunden
b) eine wöchentliche Rahmenarbeitszeit
- tarifliche Regelarbeitszeit + max. 10 Stunden
vereinbart.
Das Gleitzeitkonto kann auf plus 72 Stunden aufgebaut bzw. 72 Stunden abgebaut werden. Der Mitarbeiter hat das Recht, der Arbeit auch tageweise fernzubleiben (Handhabung wie Urlaubsantrag).

c) Rechtlicher Entscheidungsrahmen

Insbesondere sind die zwingenden Vorschriften des ArbZG zu beachten. Das bedeutet, Arbeitgeber und Arbeitnehmer können, soweit keine Tarifbindung besteht, im Rahmen der gesetzlichen Vorschriften des ArbZG die gleitende Arbeitszeit frei vereinbaren (§§ 3, 7 Abs. 3 ArbZG).

Soweit eine automatisierte Zeiterfassung (Zeitkontrolle) eingeführt wird, besteht gem. § 87 Abs. 1 Nr. 6 BetrVG ein Mitbestimmungsrecht des Betriebsrates.

§ 7 Abs. 1 und 2 ArbZG eröffnet die Möglichkeit, von den Grundnormen der §§ 3 bis 6 ArbZG in einem Tarifvertrag oder aufgrund eines Tarifvertrages in einer Betriebsvereinbarung abzuweichen. Damit ist es zulässig, sowohl die in § 3 ArbZG mittelbar festgelegte Grenze der wöchentlichen Höchstarbeitszeit von 60 Stunden als auch den in § 3 Satz 2 ArbZG festgelegten Ausleichszeitraum zu überschreiten (§ 7 Abs. 1 Nr. 1 a ArbZG).

Ferner sieht § 7 Abs. 3 ArbZG, was für die Praxis sehr wichtig ist, vor, dass im Geltungsbereich eines Tarifvertrages nach Abs. 1 und Abs. 2 abweichende tarifliche Regelungen im Betrieb eines nicht tarifgebundenen Arbeitgebers durch Betriebsvereinbarung übernommen werden dürfen. Für Betriebe ohne Betriebsrat ist es zulässig, durch schriftliche Vereinbarung tarifvertragliche Abweichungen im Sinne des § 7 Abs. 3 Satz 1 ArbZG auf das Arbeitsverhältnis anzuwenden (§ 7 Abs. 3 Satz 1 ArbZG).

Die Einführung und Ausgestaltung der qualifizierten Gleitzeit ist gemäß § 87 Abs. 1 Nr. 2 BetrVG mitbestimmungspflichtig. Ein Mitbestimmungsrecht des Betriebsrates besteht hinsichtlich der Festlegung von Kernarbeitszeiten und Gleitspannen. Ferner müssen sich die Betriebspartner über die Zulässigkeit von Zeitguthaben und Zeitschulden, deren Übertragbarkeit (zulässiger Umfang) über den Ausgleichszeitraum hinaus und über die Geltung von Verfallklauseln einigen.

Ebenso wie die einfache Gleitzeit kann auch die qualifizierte Gleitzeit bereits im Einzelarbeitsvertrag vereinbart werden. Bei der Einführung ist allerdings dann das Mitbestimmungsrecht des Betriebsrates gemäß § 87 Abs. 1 Nr. 2 BetrVG zu beachten.

d) Flexibilisierungsgrad

Durch die Arbeitszeitform der qualifizierten Gleitzeit wird eine flexible Arbeitszeit ermöglicht, weil die Arbeitszeit sowohl hinsichtlich der Lage als auch der Dauer jederzeit, also permanent, veränderbar ist. Eine Erstarrung tritt nicht ein. Die Flexibilisierungsoption wird ausschließlich vom Arbeitnehmer ausgeübt. Insoweit ist die qualifizierte Gleitzeit das Gegenmodell zur KAPOVAZ. Die Größe des Flexibilisierungspotenzials ist davon abhängig, in welchem Umfang bestimmte Kernzeiten, in denen der Arbeitnehmer anwesend sein muss, festgelegt worden sind. Wie die oben dargestellten Modelle der qualifizierten Gleitzeit gezeigt haben, kann die qualifizierte Gleitzeitarbeit sowohl im Produktions- wie auch im Verwaltungsbereich Anwendung finden (vgl. Abb. 3 „qualifizierte GAZ“, S. 61).

e) Bewertung

Für den Arbeitgeber hat die qualifizierte Gleitzeit den Vorteil, dass hierdurch in gewisser Weise auch eine Anpassung der Arbeitszeit an den Arbeitsanfall erfolgen kann (z. B. durch das Ansammeln von Zeitguthaben bei Arbeitspitzen und Abbau derselben bei geringem Arbeitsanfall). Hierbei ist allerdings darauf zu achten, dass sich die qualifizierte Gleitzeitarbeit nicht in eine informelle KAPOVAZ umwandelt. Grundsätzlich muss daher auch den Arbeitnehmern die Flexibilisierungsoption zugestanden werden. Weitere Vorteile sind der Wegfall von Überstundenzuschlägen und Fehlzeiten. Hinzu kommen verlängerte Ansprechzeiten im Unternehmen durch eine größere Bandbreite in der Anwesenheit.

Nachteilig für den Arbeitgeber sind die Kosten für die notwendige Anschaffung von Zeiterfassungsgeräten. Ferner ist auch eine umfassende Kommunikation unter den Mitarbeitern nicht mehr jederzeit möglich.

Bei der qualifizierten Gleitzeit steht die Flexibilisierungsoption allein dem Arbeitnehmer zu, sodass dessen Zeitsouveränität erheblich ausgeweitet ist. Dies ermöglicht eine bessere Anpassung der Arbeitszeit an den persönlichen Lebensrhythmus. Auch kann der Arbeitnehmer berufliche und private Interessen optimaler koordinieren.

Besonders günstig ist die qualifizierte Gleitzeitarbeit für den Arbeitnehmer dann, wenn die Möglichkeit besteht, ein Zeitguthaben über einen längeren Zeitraum anzusparen. Dann besteht für ihn z.B. die Chance, über eine große Zeitspanne ohne finanziellen Verlust aus dem Erwerbsleben vorübergehend auszuscheiden, um dann später wieder zurückzukehren. Insoweit würde sich die qualifizierte Gleitzeit der „amorphen Arbeitszeit“ annähern.

Nachteilig für den Arbeitnehmer ist, dass er unter Umständen mit Einkommenseinbußen durch weniger Überstunden zu rechnen hat. Auch besteht die Gefahr, dass ein ersatzloser Verfall von Zeitguthaben eintritt, wenn der Ausgleichszeitraum überschritten worden ist, soweit es sich hierbei nicht überhaupt um „ausgleichspflichtige Arbeitszeit“ gemäß § 3 Satz 2 ArbZG handelt, die nicht verfällt (s. unten S. 91).

f) Ausblick

Insgesamt ist festzustellen, dass durch die qualifizierte Gleitzeitarbeit sowohl die Interessen des Arbeitnehmers wie die des Arbeitgebers op-

Abbildung 3: qualifizierte GAZ. Betriebliche Entwicklungsstufen

timal berücksichtigt werden können. Daher wird man gerade die qualifizierte Gleitzeit als eine interessante Arbeitszeitform für die Zukunft ansehen müssen. Allerdings ist sicherzustellen, dass durch die qualifizierte Gleitzeit nicht eine versteckte KAPOVAZ eingeführt wird. Diese Situation wäre gegeben, wenn der Arbeitgeber vom Arbeitnehmer erwarten wollte, dass dieser seine Flexibilisierungsoptionen ausschließlich oder überwiegend nach betrieblichen Gegebenheiten ausüben soll. Um hier einen sachgerechten Ausgleich zwischen den individuellen Bedürfnissen des Arbeitnehmers und den betrieblichen Erfordernissen erzielen zu können, bietet es sich an, dass im Tarifvertrag oder in einer Betriebsvereinbarung ein entsprechender Konfliktlösungsmechanismus festgeschrieben wird. Gerade bei der Einführung der qualifizierten Gleitzeitarbeit in der Produktion besteht ein erhöhter Koordinierungsbedarf, da sich die einzelnen Arbeitnehmer untereinander absprechen müssen (z.B. in teilautonomen Arbeitsgruppen). Insoweit ist es wichtig, ein Verfahren zu entwickeln, das Koordinierungsprobleme und die hieraus resultierenden Streitigkeiten effektiv und schnell beseitigt. Hier bietet sich z.B. für größere Betriebe die Schaffung einer betrieblichen Schlichtungsstelle unter der Beteiligung des Betriebsrates an.

Von der Lösung dieser Organisationsprobleme ist es abhängig, ob die Vorteile der qualifizierten Gleitzeitarbeit für Arbeitnehmer und Arbeitgeber voll zur beiderseitigen Zufriedenheit realisiert werden können.

g) Vertrauensarbeitszeit

In diesem Zusammenhang ist eine neue Spielart der GAZ, die sog. Vertrauensarbeitszeit, zu erwähnen. Sie ist vor allem durch drei Elemente charakterisiert: weitgehende Zeitsouveränität, Verzicht auf automatisierte Zeiterfassung, Möglichkeit, Überarbeit auf Langzeitkonten anzusparen. An die Stelle bloßer, durch Direktiven gesteuerter Dienstleistungsbereitschaft tritt Ergebnisorientierung (durch z.B. Zielvereinbarungen) und Selbstorganisation.

ga) Zeitsouveränität

Hierunter ist der Wegfall fixierter Kernzeiten zu verstehen und die Selbstbestimmung der zeitlichen Anwesenheit im Betrieb (freie Wahl der eigenen TAZ); im Vordergrund steht die Erreichung eines vereinbarten Arbeitsergebnisses.

gb) Verzicht auf automatische Zeiterfassung

An die Stelle der automatisierten Zeiterfassung, wie z.B. der Stechuhr, tritt die Selbstaufzeichnung durch den/die Mitarbeiter/in. Allerdings ist der ArbG dafür verantwortlich, dass der Rahmen der höchstzulässigen AZ (§ 3 ArbZG) von 8 Stunden täglich nicht überschritten oder entsprechend durch Freizeitgewährung innerhalb eines Ausgleichszeitraumes von 6 Monaten oder 24 Wochen ausgeglichen wird (§ 3 Satz 2 ArbZG). Die Abgeltung der 9. und 10. Stunde durch Geld ist unzulässig. Durch Tarifvertrag kann ein längerer Ausleichszeitraum vorgesehen werden (§ 7 Abs. 1 Nr. 1.b) ArbZG). Diesen können auch nicht tarifgebundene ArbG durch Betriebsvereinbarung mit den Arbeitnehmern in Anspruch nehmen, wenn ihr Betrieb in den zeitlichen, fachlichen und räumlichen Geltungsbereich fällt (§ 7 Abs. 3 Satz 1 ArbZG).

Zu beachten ist, dass der ArbG die über die höchstzulässige tägliche Arbeitszeit von 8 Stunden hinausgehende Überarbeit (9. und 10. Stunde) der ArbNer aufzeichnen muss (§ 16 Abs. 2 ArbZG). Die Verletzung dieser Dokumentationspflicht ist bußgeldbewehrt (§ 22 Abs. 2 ArbZG) und kann mit einer Geldbuße bis zu 30000 DM geahndet werden (§ 22 Abs. 1 Nr. 9 ArbZG). Das bedeutet, der ArbG muss dafür Sorge tragen, dass ihn die Selbstaufzeichnungen der Mitarbeiter/innen erreichen.

gc) Ansparen von Überarbeit auf Langzeitkonten

Soweit Zeitguthaben nicht ausgleichspflichtig sind, können sie zum Ansparen auf Langzeitkonten verwandt werden. Hierbei kann es sich z.B. um die 8. Stunde der TAZ handeln, die keine Überschreitung der höchstzulässigen TAZ darstellt und daher nicht ausgleichspflichtig ist (§ 3 Satz 1 ArbZG). Darüber hinaus ist die Anlage von Langzeitkonten aufgrund tarifvertraglicher Regelungen zulässig, wenn diese mehrjährige Ausgleichszeiträume vorsehen (§ 7 Abs. 1 Nr. 1.b) ArbZG).

gd) Praxisbeispiele

Tarifvertrag zwischen IBM Deutschland und der DAG (FAZ v. 4. 1. 1999; http://www.com/kn/pressroom/981215a.html) sieht die freie Wahl der AZ zwischen 6 Uhr und 20 Uhr im Rahmen einer 41-Stunden-Woche vor, von der 3 Stunden als „Überzeit" gelten.

Ein Tarifvertrag zwischen der Debis AG und der IG Metall, der seit 1999 gilt, enthält eine WAZ von 35 bis 40 Stunden. Einzelne Mitarbeiter/innen können für ihr eigenes Arbeitsziel oder das ihrer Gruppe mehr als 40 Stunden pro Woche mit dem Vorgesetzten vereinbaren. „Überstunden" werden auf einem Arbeitszeitkonto gutgeschrieben mit einem Limit von 550 Stunden innerhalb von 5 Jahren gutgeschrieben; (vgl. hierzu *Norbert Bensel*, Der Arbeitgeber 20/98, 47 u. 6/00, 23).

Auch mittelständische Unternehmen praktizieren die „Vertrauensgleitzeit", wie z.B. BPW Bergische Achsen KG in Wiehl. Vertrauensarbeitszeit wird ebenfalls im Ausland, insbesondere in Schweden, praktiziert. Im Bereich des öffentlichen Dienstes ist das Modell der

Stadtverwaltung Wolfsburg erwähnenswert (http://www.flexible-unternehmen.de/news/00-01-20-04.htm; http://www.symposium.de/arbeitszeit/az_13.htm).

Überwiegend herrscht die Meinung vor, dass durch die Modelle die Motivation der Belegschaft spürbar verbessert worden sei. Soweit Vertrauensarbeit autonome Arbeitszeitgestaltung gewährt, erhält das Arbeitsverhältnis Züge von Selbständigkeit (vgl. § 84 Abs. 1 Satz 2 HGB) mit werkvertragsähnlichem Charakter. Das wird nicht ohne Auswirkung auf das arbeitsrechtliche Selbstverständnis der Mitarbeiter/innen bleiben bei gleichzeitiger Entlastung von Kontrollaufgaben des ArbG und der Vermeidung von „Überstundenbergen". Trotz aller De-Regulierung bleiben jedoch die vertraglichen und gesetzlichen Rahmenbedingungen der Arbeitszeitgestaltung zu beachten, um den Gefahren der zeitlichen Überbeanspruchung (Selbstausbeutung) zu begegnen.

7. Grundmuster: Die Anpassung der Arbeitszeit an den Arbeitsanfall (kapazitätsorientierte variable Arbeitszeit – KAPOVAZ)

a) Definition

Bei der kapazitätsorientierten variablen Arbeitszeit (KAPOVAZ) wird dem Arbeitgeber aufgrund des Einzelarbeitsvertrages das Recht eingeräumt, die Arbeitsleistung des Arbeitnehmers entsprechend den real gegebenen betrieblichen Anforderungen festzusetzen. Es erfolgt somit eine Anpassung der Arbeitszeit an den Arbeitsanfall kraft eines einseitigen Leistungsbestimmungsrechtes des Arbeitgebers. Bei der KAPOVAZ wird zugleich im Einzelarbeitsvertrag die insgesamt geschuldete Arbeitszeit im Voraus festgelegt. Hierbei können unterschiedliche Bezugszeiträume (Woche oder Monat) vereinbart werden.

b) Praktizierte Arbeitszeitmodelle

Vor allem Unternehmen des Handels und der Dienstleistungsbranche praktizieren die KAPOVAZ.

Beispiel 1: Die Belegschaft muss in Zeiten des größten Arbeitsanfalls 45 Stunden pro Woche arbeiten. Die über die Jahresarbeitszeit hinausgehenden Überstunden werden dann dazu eingesetzt, um den Urlaub zu verlängern. Insofern kann das Werk Ostern zwei Wochen, im Mai/Juni dreieinhalb Wochen, im September vierzehn Tage, Ende Oktober eine weitere Woche und zwischen Weihnachten und Neujahr ebenfalls schließen.

Beispiel 2 : Hier arbeiten etwa 100 Teilzeitkräfte auf Abruf. Die Abrufkräfte arbeiten auf Wochen- bzw. Monatsbasis, 2 Stunden/pro Tag im Rahmen geringfügiger Beschäftigung.

Beispiel 3: Flexible Pensionierung in Kombination mit Abruf-Teilzeitarbeit vor oder nach der Pensionierung in einem vertraglich genau fixierten Umfang für betrieblich besonders bedeutsame Qualifikationen. Außerdem gleitender Übergang in den Ruhestand.

c) Rechtlicher Entscheidungsrahmen

Für die rechtliche Ausgestaltung der KAPOVAZ sind insbesondere §§ 4,12 TzBfG zu beachten.

Nach § 12 Abs. 1 TzBfG muss im Arbeitsvertrag eine bestimmte Dauer der wöchentlichen und täglichen Arbeitszeit festgelegt werden. Es ist somit unzulässig, wenn neben der Lage der Arbeitszeit auch deren Dauer zur alleinigen Disposition des Arbeitgebers gestellt wird. Ist keine Dauer der Arbeitszeit – weder ausdrücklich noch stillschweigend – festgelegt worden, so gilt kraft Gesetzes (§ 12 Abs. 1 Satz 3 TzBfG) eine wöchentliche Arbeitszeit von 10 Stunden als vereinbart. Ist die tägliche Arbeitszeit nicht festgelegt, hat der Arbeitgeber die Arbeitsleistung des Arbeitnehmers für mindestens drei aufeinanderfolgende Stunden in Anspruch zu nehmen (§12 Abs. 1 Satz 3 TzBfG). In diesem Fall ist zu beachten, dass der Arbeitnehmer zwar freiwillig länger arbeiten kann, er aber nicht zu einer weitergehenden Arbeitsleistung verpflichtet ist. Dies gilt auch dann, wenn der Arbeitgeber dem Arbeitnehmer nicht jeweils mindestens vier Tage im Voraus die Lage der Arbeitszeit mitteilt (§ 12 Abs. 2 TzBfG).

Da § 12 Abs. 1 Satz 2 TzBfG eine „bestimmte" Arbeitszeit vorschreibt, muss die Arbeitszeit im Arbeitsvertrag exakt festgelegt sein, sodass vertragliche Regelungen, die nur eine Mindest- bzw. Höchstarbeitszeit oder eine gewisse Bandbreite festlegen, unzulässig sind.

Da § 4 Abs. 1 BeschFG – wie jetzt § 12 Abs. 1 Satz 2 TzBfG – lediglich vorschrieb, dass Arbeitgeber und Arbeitnehmer eine gewisse Dauer der Arbeitszeit festzulegen hätten, war umstritten, wie groß der Bemessungszeitraum (Bezugszeitraum) sein durfte. Nach dem Wortlaut konnte und könnte es sich auch jetzt gemäß § 12 Abs. 1 Satz 1 TzBfG um eine Stundenzahl pro Woche, Monat, Quartal, pro Jahr oder länger handeln. Die überwiegende Meinung der arbeitsrechtlichen Literatur ging aufgrund der offenen Regelung des § 4 Abs. 1 BeschFG davon aus, dass die Vereinbarung eines Bezugszeitraumes von einem Jahr rechtmäßig sei. Allerdings war hierbei zu beachten, dass möglicherweise durch eine zukünftige höchstrichterliche Rechtsprechung des Bundesarbeitsgerichts ein zu lang gewählter Bezugszeitraum als rechtswidrig beurteilt werden würde, weil dieser eine zu starke Bindung des Arbeitnehmers an den Arbeitgeber bedeutet hätte. Dies musste um so mehr gelten, als § 3 Satz 2 ArbZG einen Ausgleichszeitraum von 6 Kalendermonaten vorsieht. Bei einem über 6 Monate bzw. 24 Wochen hinausgehenden Bezugszeitraum könnte somit der gesetzliche Ausgleichszeitraum überspielt bzw. unterlaufen werden. Aufgrund des identischen Wortlauts dürften diese Erwägungen auch für die Interpretation und Anwendung des § 12 Abs. 1 Satz 2 TzBfG Geltung haben. Auch bei der KAPOVAZ kann – ebenso wie bei der gleitenden Arbeitszeit – die Notwendigkeit des Zeitausgleichs dann auftreten, wenn – bei entsprechendem Arbeitsanfall – über 8 Stunden täglich hinausgehend Arbeit geleistet wird. Bei einem beabsichtigten Bezugszeitraum von mehr als 6 Monaten bzw. 24 Wochen ist es daher ratsam, entsprechende tarifvertragliche Regelungen im Sinne des § 7 Abs. 1 Nr. 1b ArbZG gemäß § 7 Abs. 3 ArbZG zugrunde zu legen. Das heißt: Sieht ein geltender Tarifvertrag einen längeren Ausgleichszeitraum vor, so kann diese Regelung durch Betriebsvereinbarung oder, wenn ein Betriebsrat nicht besteht, durch schriftliche Vereinbarung zwischen Arbeitgeber und Arbeitnehmer auch dann übernommen werden, wenn keine Tarifbindung besteht (§ 7 Abs. 3 Satz 1 ArbZG).

Nach § 12 Abs. 2 TzBfG ist ferner der Arbeitnehmer zur Arbeitsleistung nur dann verpflichtet, wenn der Arbeitgeber ihm die Lage seiner Arbeitszeit jeweils mindestens vier Tage im Voraus mitteilt. Gemäß § 12 Abs. 1 Satz 3 TzBfG muss der Arbeitgeber, falls eine Vereinbarung über die tägliche Dauer der Arbeitszeit nicht erfolgt ist, den Arbeitnehmer jeweils für mindestens drei aufeinanderfolgende Stunden zur Arbeitsleistung in Anspruch nehmen.

Des Weiteren ist zweifelhaft, ob Zeitguthaben bzw. Zeitschulden in den nachfolgenden Bezugszeitraum übertragen werden dürfen, wenn dies im Arbeitsvertrag vereinbart wurde. Hiergegen spricht, dass das Gesetz zwingend vorschreibt, dass die Parteien eine bestimmte Dauer der Arbeitszeit für einen konkreten Bezugszeitraum zu vereinbaren haben. Dies wäre jedoch dann nicht mehr der Fall, wenn eine Übertragung von Zeitguthaben bzw. Zeitschulden erfolgt. Daher wird man eine Abrede im Arbeitsvertrag, die diese Möglichkeit vorsieht, als unzulässig ansehen müssen (Verstoß gegen § 12 Abs. 1 Satz 2 TzBfG).

Grundsätzlich besteht die Möglichkeit, dass im Tarifvertrag Regelungen über die konkrete Ausgestaltung der KAPOVAZ getroffen werden. Vorstellbar ist insbesondere, dass bestimmte Mindestarbeitszeiten festgelegt werden. Allerdings kann im *Tarifvertrag* auch zu Ungunsten des Arbeitnehmers von § 12 TzBfG abgewichen werden (§ 12 Abs. 3 TzBfG).

Zu beachten ist, dass der Betriebsrat gemäß § 87 Abs. 1 Nr. 2 BetrVG über die Lage der täglichen Arbeitszeit sowie deren Verteilung auf die einzelnen Wochentage ein zwingendes Mitbestimmungsrecht hat. Dies bedeutet, dass auch bei der KAPOVAZ ein Mitbestimmungsrecht des Betriebsrates (§ 87 Abs. 1 Nr. 2 BetrVG) besteht. Allerdings ist umstritten, inwieweit der Betriebsrat bei jedem einzelnen Arbeitsabruf mitzubestimmen hat, oder ob sich vielmehr sein Mitbestimmungsrecht lediglich darauf beschränkt, dass er bei allgemeinen Rahmenregelungen zu beteiligen ist. Grundsätzlich wird es sich bei dem einzelnen Abruf der Arbeitsleistung um eine Individualmaßnahme handeln., bei der dem Betriebsrat kein Mitbestimmungsrecht zusteht. Allerdings ist zu beachten, dass der Einsatz der Arbeitnehmer mit kapazitätsorientierter variabler Arbeitszeit aufeinander bzw. mit den vollzeitbeschäftigten Arbeitnehmern abgestimmt werden muss, sodass dann ein kollektiver Bezug gegeben sein könnte. Ist dies zu bejahen, wäre ein Mitbestimmungsrecht des Betriebsrates gegeben (§ 87 Abs. 1 Nr. 2 BetrVG).

Grundsätzlich ist eine Vereinbarung über die kapazitätsorientierte variable Arbeitszeit (KAPOVAZ) im Einzelarbeitsvertrag zu treffen.

d) Flexibilisierungspotenzial

Die KAPOVAZ enthält als Arbeitszeitform ein hohes Flexibilisierungspotenzial, da sie eine Veränderung der Arbeitszeit hinsichtlich ihrer Lage und Dauer ermöglicht. Sie eröffnet die Chance, die von dem Arbeitnehmer zu erbringende Arbeitsleistung nahtlos mit dem jeweiligen Bedarf und den betrieblichen Bedürfnissen zu koordinieren. Auf diese Weise wird nur die unbedingt benötigte Arbeit geleistet und vergütet. Aus betriebswirtschaftlichen Gesichtspunkten stellt sie eine optimale Arbeitszeitform dar. Genaue Aussagen über die Verbreitung der KAPOVAZ liegen nicht vor, wobei besonders im Einzelhandel „KAPOVAZ-Arbeitsverhältnisse“ verbreitet sind.

e) Bewertung

Die Arbeitszeitform der KAPOVAZ ist vor allem für den Arbeitgeber vorteilhaft. Allein der Arbeitgeber erhält eine Option zur Flexibilisierung der Arbeitszeit hinsichtlich ihrer Lage und Dauer. Dies ermöglicht ihm die Anpassung der zu leistenden Arbeit an den konkreten betrieblichen Bedarf (Arbeitsanfall).

Nachteile für den Arbeitgeber können sich daraus ergeben, dass gerade die KAPOVAZ zu einer erhöhten Arbeitsunzufriedenheit beim einzelnen Arbeitnehmer führen kann, falls dieser die mit dieser Arbeitszeitform verbundene Unsicherheit bezüglich des Zeitpunktes der zu erbringenden Arbeitsleistung mit zunehmender Dauer des Arbeitsverhältnisses nicht mehr akzeptiert. Diese Unzufriedenheit kann sich auf die Qualität der zu erbringenden Arbeitsleistung mindernd auswirken.

Da bei der KAPOVAZ der Arbeitnehmer vielfach keinerlei Mitgestaltungsmöglichkeit hinsichtlich der Lage und Dauer der Arbeitszeit hat, ist diese Arbeitszeitform für ihn als grundsätzlich nachteilig zu bewerten. Die Akzeptanz dürfte sich erhöhen, wenn die KAPOVAZ im konkreten Fall auch der Arbeitsplatzsicherheit dient.

Allerdings bietet die KAPOVAZ für denjenigen Arbeitnehmer Vorteile, der nur in einem beschränkten Umfang einer konkreten Tätigkeit nachgehen will und der relativ frei über seine Zeit verfügen kann (z. B. Hausfrau oder Landwirt).

f) Ausblick

Insgesamt kann man grundsätzlich davon ausgehen, dass im Bereich mit saisonal (wöchentlich oder täglich) schwankendem Arbeitskräftebedarf die kapazitätsorientierte variable Arbeitszeit auch in Zukunft besonders attraktiv sein wird, sofern es – wie im Einzelhandel – nicht möglich ist, auf Vorrat zu arbeiten oder die Arbeit später zu verrichten. Demgemäß besteht das Konzept im Einzelhandel oft darin, die Personaleinsatzplanung so zu verfeinern, dass sich der Arbeitseinsatz nach der Kundenfrequenz richtet. Diese Entwicklung wurde durch die elektronische Erfassung von Umsatz und Kundenfrequenzen forciert, die eine qualifizierte Personalbedarfs- und Einsatzplanung ermöglicht. Diese basiert auf genauen betriebs- und arbeitsplatzbezogenen Erkenntnissen (Daten) hinsichtlich der unterschiedlichen täglichen, wöchentlichen, monatlichen und jährlichen Arbeitsbelastungen bzw. der Arbeitsdichte.

Außerdem dürfte die KAPOVAZ für die industrielle Fertigung, insbesondere in der Automobilindustrie, zur Anpassung an jahreszeitliche Schwankungen an Bedeutung gewinnen.

8. Grundmuster: Jobsharing (Arbeitsplatzteilung)

a) Definition

Die Legaldefinition der Arbeitsplatzteilung ergibt sich aus § 13 Abs. 1 Satz 1 TzBfG. Nach dieser Vorschrift liegt Arbeitsplatzteilung vor, wenn ein Arbeitgeber mit mehreren Arbeitnehmern vereinbart, dass diese sich die Arbeitszeit an einem Arbeitsplatz teilen. Da sich der Begriff Arbeitsplatzteilung wörtlich mit „Jobsharing" übersetzen lässt, verwendet die Praxis überwiegend den aus den USA stammenden Begriff „Jobsharing“ und nicht „Arbeitsplatzteilung“. Es bietet sich an, die Bezeichnung „Jobsharing“ als Oberbegriff für Modelle der Arbeitsplatzteilung zu verwenden, die nunmehr im Folgenden definiert werden:

aa) Jobsharing im engeren Sinne

Ein Jobsharing-Arbeitsverhältnis ist gegeben, wenn sich der Arbeitnehmer aufgrund seines Arbeitsvertrages verpflichtet hat, den ihm zugewiesenen Arbeitsplatz in Abstimmung mit anderen am gleichen Arbeitsplatz Beschäftigten im Rahmen eines vorher aufgestellten Arbeitszeitplanes während der betriebsüblichen Arbeitszeit – aber alternierend – zu besetzen. Dies bedeutet, dass beim Jobsharing im engeren Sinne die Arbeitnehmer selbst darüber bestimmen, wer zu welcher Arbeitszeit den Arbeitsplatz einnimmt. Eine besondere Vereinbarung mit dem Arbeitgeber hierüber braucht daher nicht getroffen zu werden.

ab) Jobpairing

Eine Arbeitsplatzteilung in Form des Jobpairing liegt vor, wenn sich die Arbeitnehmer verpflichtet haben, die Arbeit zusammen zu erledigen, sich, soweit erforderlich, zu informieren und die wesentlichen Entscheidungen gemeinsam zu treffen. Hierbei schließen sich die Arbeitnehmer vor dem Vertragsschluss zu einer so genannten Eigengruppe zusammen, die in der Regel als BGB-Gesellschaft (§ 705 BGB) qualifiziert werden kann.

ac) Jobsplitting

Eine andere Form der Arbeitsplatzteilung kann darin bestehen, einen Vollzeitarbeitsplatz in zwei voneinander unabhängige Teilzeitstellen aufzuteilen (Jobsplitting)

Hierbei sind wiederum unterschiedliche Gestaltungsformen denkbar. So ist es möglich, dass durch das Jobsplitting ein Vollzeitarbeitsplatz lediglich in zwei Teilzeitarbeitsplätze mit feststehenden Arbeitszeiten umgewandelt wird. Daneben ist es aber auch denkbar, dass flexible

Arbeitszeitgestaltungsformen, wie z. B. Gleitzeitarbeit, mit dem Jobsplitting verbunden werden.

ad) Split-level Sharing

Ferner ist es möglich, eine funktionale Arbeitsplatzteilung vorzunehmen. Für diese Form der Arbeitsplatzgestaltung hat sich der Begriff Split-level Sharing durchgesetzt. Die Besonderheit dieses Modells besteht darin, dass die Arbeit nach Arbeitsinhalten (funktional) aufgeteilt wird, sodass es sich für Arbeitsplätze mit unterschiedlichen fachlichen Qualifikationsniveaus anbietet. Voraussetzung dürfte aber sein, dass die Arbeitsaufgaben teilbar sind, wie dies z. B. bei der Finanzbuchhaltung der Fall ist.

b) Praktizierte Arbeitszeitmodelle

Arbeitsplatzteilung wird sowohl im produzierenden Gewerbe als auch im Dienstleistungssektor praktiziert, allerdings nicht in dem Umfang, wie anfänglich erwartet.

<u>Beispiel 1:</u> Aufteilung von Arbeitsinhalten und -bereichen eines Arbeitsplatzes auf zwei Arbeitnehmer gleicher Qualifikation mit mindestens 20 Wochenstunden je Arbeitnehmer. Die Mitarbeiter haben die freie Wahl der Arbeitszeit innerhalb einer Woche, i. d. R. im alternierenden Wechsel mit dem Partner und in Absprache mit Vorgesetzten. Der Mitarbeiter regelt die Vertretung selbst. Der Bedarf (Angebot- und Nachfrageregelung nach Jobsharing-Arbeitsverhältnissen) wird über einen „Jobsharing-Pool" abgewickelt.

<u>Beispiel 2:</u> Bedenkenswerte Jobsharing-Alternativen: Jobsharing für Führungskräfte und Jobsharing-Plätze im „Dreier-Team" oder Modelle, die neue Verteilungen (auch geringere Zeitanteile als 50% mit sozialer Absicherung) und neue Möglichkeiten (zeitweise wechselnder Ausstieg bei voller Bezahlung und Gruppenarbeitsverhältnis) beinhalten.

c) Rechtlicher Entscheidungsrahmen

Einschlägig ist hier vor allem § 13 TzBfG. In den Anwendungsbereich des § 13 TzBfG fallen vor allem das Jobsharing im engeren Sinne, das Jobsplitting und das Split-level Sharing. Eine Anwendung des § 13 TzBfG auf das Jobpairing-Arbeitsverhältnis ist zu verneinen, wenn nur die Eigengruppe in eine Rechtsbeziehung zum Arbeitgeber tritt, da die Anwendung des § 13 TzBfG voraussetzt, dass der Arbeitgeber mit zwei oder mehreren Arbeitnehmern die Teilung der Arbeitszeit an einem Arbeitsplatz vereinbart hat.

§ 13 TzBfG regelt insbesondere folgende Rechtsfragen:

- Die Vertretungspflicht der Jobsharing-Partner:
  Eine automatische Vertretungspflicht der Jobsharer (Arbeitsplatzteiler) besteht nicht.
  Die anderen Jobsharer sind jedoch gemäß § 13 Abs. 1 Satz 2 TzBfG dann zur Vertretung verpflichtet, wenn sie der Vertretung im Einzelfall zugestimmt haben. Hiervon abweichend lässt § 13 Abs. 1, Satz 3 TzBfG eine vorherige generelle Verpflichtung darüber hinaus für den Fall eines dringenden betrieblichen Erfordernisses zu. In diesem Fall muss die Vertretung dem Arbeitnehmer jedoch zumutbar sein. Die Annahme eines dringenden betrieblichen Erfordernisses setzt voraus, dass durch eine unterlassene Vertretung erhebliche Nachteile für den Betrieb zu befürchten sind. Hierbei kommt es auf die konkreten Umstände des Einzelfalles an.
- Die „partnerbedingte Kündigung“ beim Jobsharing:
  Gemäß § 13 Abs 2 Satz 1 TzBfG ist die Kündigung des Arbeitsverhältnisses eines Jobsharers durch den Arbeitgeber wegen des Ausscheidens eines anderen Arbeitnehmers aus der Arbeitsplatzteilung unwirksam. Hiermit ist sichergestellt, dass der Jobsharing-Arbeitnehmer denselben Arbeitsplatzschutz genießt wie jeder andere Arbeitnehmer, sodass ihm aufgrund der Arbeitsplatzteilung keine Nachteile entstehen. Jedoch stellt § 13 Abs. 2 Satz 2 TzBfG klar, dass das Recht zur Änderungskündigung bei Ausscheiden eines „Jobsharing-Partners“ hiervon nicht berührt wird, worauf das Kündigungsschutzgesetz Anwendung findet (vgl. § 2 KSchG).

Möglich ist, dass die Arbeitsplatzteilung auch in einem Tarifvertrag (z. B. in einem Haustarifvertrag) geregelt wird, sodass die tarifgebundenen Arbeitsvertragsparteien hieran gebunden sind. Hierbei ist zu beachten, dass gemäß § 13 TzBfG der Tarifvertrag von den Vorschriften des § 13 TzBfG auch zu Ungunsten des Arbeitnehmers abweichen darf, wenn er Regelungen über die Vertretung der Arbeitnehmer enthält. § 13 Abs. 4 Satz 2 TzBfG sieht eine vertragliche Anwendungsmöglichkeit des Tarifvertrages für nicht tarifgebundene Arbeitgeber und Arbeitnehmer vor.

Ferner stellt sich die Frage, in welchem Umfang ein Mitbestimmungsrecht des Betriebsrates gemäß § 87 Abs. 1 Nr. 2 BetrVG bei Jobsharing-Arbeitsverträgen besteht. So wird die Ansicht vertreten, dass die Begründung von Jobsharing-Arbeitsverhältnissen nicht der Mitbestimmungspflicht des Betriebsrates unterliege, weil die betriebliche Arbeitszeit nicht verändert werde. Hierzu ist anzumerken, dass die Einführung von Jobsharing-Arbeitsverträgen generell auch Einfluss auf die Arbeitsverhältnisse der anderen Mitarbeiter des Betriebes haben kann, sodass insoweit ein kollektiver Bezug (Koordination der unterschiedlichen Arbeitszeiten) und damit ein Mitbestimmungsrecht des Betriebsrates grundsätzlich zu bejahen ist.

Ein derartiger kollektiver Bezug (im Gegensatz zur mitbestimmungsfreien Individualmaßnahme) ist gegeben, wenn beim Jobsplitting der Arbeitgeber allein jeweils die Lage und die Koordination der Arbeitszeit der betroffenen Arbeitnehmer bestimmt. Hingegen können beim Jobsharing i.e.S. die Arbeitnehmer untereinander autonom, d.h. unabhängig vom Arbeitgeber die Arbeitszeit festlegen, sodass, wenn andere Arbeitsverhältnisse hiervon nicht berührt werden, grundsätzlich kein Raum für die Mitbestimmung des Betriebsrates gegeben ist. Ein Mitbestimmungsrecht besteht aber dann, wenn der Arbeitgeber im Falle der Nichteinigung zwischen den Arbeitnehmern die endgültige Entscheidungsbefugnis über die Verteilung der Arbeitszeit erhält. Insoweit liegt ein Regelungstatbestand mit kollektivem Bezug vor. Aus diesem Grunde ist auch die Aufstellung von allgemeinen Rahmenregelungen über das Jobsharing mitbestimmungspflichtig.

Für die Einführung von Jobsharing-Arbeitsverhältnissen ist erforderlich, dass eine entsprechende individualvertragliche Regelung zwischen den Arbeitsvertragsparteien (Arbeitgeber und Arbeitnehmer) getroffen wird. Daher ist eine Einführung des Jobsharing kraft Direktionsrechts von vornherein ausgeschlossen.

d) Flexibilisierungspotenzial

Mit Ausnahme des Jobsplittings, das überwiegend als starres Teilzeitarbeitsmodell praktiziert wird, weist das Jobsharing ein hohes Flexibilisierungspotenzial auf, da sowohl die Lage der Arbeitszeit als auch deren Dauer permanent abänderbar sind. Anzumerken ist, dass das Jobsharing in der betrieblichen Praxis bisher keine nennenswerte Verbreitung gefunden hat und auf Einzelfälle beschränkt geblieben ist.

e) Bewertung

Für den Arbeitgeber hat das Jobsharing keinen unmittelbaren Vorteil, wenn die Flexibilisierungsoption allein von den Arbeitnehmern ausgeübt wird. Jedoch bestehen insoweit mittelbare Vorteile, als der Arbeitgeber selbst nicht mehr mit der Koordinierung der Arbeitszeitverteilung zwischen den Arbeitnehmern belastet wird und daher der Verwaltungsaufwand gesenkt wird.

Nachteilig für den Arbeitgeber ist, dass das von ihm angestrebte Ziel, einen Vollzeitarbeitsplatz ständig zu besetzen, ohne sich bei Urlaub, Krankheit und anderen Abwesenheitszeiten eines Mitarbeiters um eine fremde, nicht eingearbeitete Vertretungskraft bemühen zu müssen, wegen der Regelung des Jobsharing in § 13 TzBfG von der Zustimmung der anderen Arbeitnehmer abhängt. Dies mag auch ein Grund für die geringe Verbreitung dieser Arbeitszeitform sein, d.h. das Organisationsrisiko verbleibt grundsätzlich beim Unternehmer.

Soweit Arbeitnehmer, die sich einen Arbeitsplatz teilen, die alleinige Flexibilisierungsoption erhalten, eröffnet sich für sie die Möglichkeit, persönliche Arbeitszeiten zu vereinbaren, die im Einklang mit ihren subjektiven Interessen stehen (Zeitsouveränität). Im Vergleich zur GAZ bietet Jobsharing einen noch höheren Grad an Selbstbestimmung und Eigensteuerung.

f) Ausblick

Für Arbeitnehmer, die über einen bestimmten Zeitraum hinweg weniger arbeiten möchten (wegen Kindererziehung oder Weiterbildung etc.), stellt das Jobsharing eine ideale Arbeitszeitform dar. So ist es möglich, kurzfristig im Zusammenwirken mit anderen, den Arbeitsplatz teilenden Arbeitnehmern, ohne Hinzuziehung des Arbeitgebers, die Arbeitszeit entsprechend der jeweiligen individuellen Präferenzen festzulegen. Da durch das Jobsharing infolge größerer Selbstbestimmung am Arbeitsplatz auch eine erhöhte Arbeitszufriedenheit der Arbeitnehmer erreicht werden kann, weist diese Arbeitszeitform für die Zukunft noch ein erhebliches Entwicklungspotenzial auf. Um aber die Chancen des Jobsharing nutzen zu können, ist sowohl von der Arbeitgeber- wie von der Arbeitnehmerseite eine größere Offenheit erforderlich. So könnte z.B. der Arbeitgeber durch Umfragen im Betrieb ermitteln lassen, inwieweit ein Interesse der Arbeitnehmer an Jobsharing besteht. Auf betrieblicher Ebene wäre an die Einrichtung einer „Arbeitsplatzbörse“ zu denken, auf der sich dann potenzielle „Arbeitsplatzteiler“ zusammenfinden könnten.

9. Grundmuster: „Amorphe“ Arbeitszeit

a) Definition

Bei einer „amorphen“, d.h. gestaltlosen, Arbeitszeit wird ausschließlich das Volumen der vom Arbeitnehmer geschuldeten Arbeitszeit z.B. tarifvertraglich festgelegt. Die konkrete Lage und Dauer der Arbeitszeit wird hingegen bewusst offengelassen. Neben dem Arbeitszeitkontingent (= Arbeitsstunden) muss kollektivvertraglich und/oder einzelvertraglich vereinbart werden, in welchem Zeitraum (= Bemessungszeitrahmen) der Arbeitnehmer seine Arbeitsleistung vollständig zu erbringen hat. Hierbei sind verschiedene Variationen vorstellbar. So kann als Bemessungszeitrahmen ein Jahr festgelegt werden. Dann handelt es sich um einen Jahresarbeitsvertrag. Ferner ist es möglich, als Bemessungszeitrahmen die Lebensarbeitszeit des Arbeitnehmers zu wählen (Lebensarbeitsvertrag). Selbstverständlich sind auch kürzere Bemessungszeiträume (Monat, Woche) denkbar.

b) Praktizierte Arbeitszeitmodelle

Modelle „amorpher“ Arbeitszeit werden in allen Branchen, vor allem im Dienstleistungssektor, praktiziert.

Beispiel 1: Individuelle Arbeitszeit (Arbeitszeit à la carte): Eine nach Arbeitnehmer-Präferenzen selbst bestimmte Dauer (z. B. in 10er Schritten bis 40 Stunden/Woche) und Lage der Arbeitszeit (Verteilung auf Werktage/Wochen/Monate) im Rahmen vorgegebener, am Arbeitsablauf orientierter Optionen des Unternehmens (meist Koppelung mit Anreizsystemen wie Zeit-/Entgelt-Bonus zur Wahl unattraktiver Arbeitszeiten). Praxis: Minimum 60 Stunden/Monat oder 10 Stunden/Monat mehr bis Maximum von 173 Stunden/Monat.

Beispiel 2: Zusatz- bzw. Langzeiturlaub: Zeitausgleich in Verbindung mit der Wochenteilzeitarbeit, Wochenarbeitszeitverlängerung oder Samstagsarbeit. *Jahresarbeitszeitverträge:* Für die Wochenteilzeitarbeit, die Wochenarbeitszeitverlängerung, die Samstagsarbeit und den Zusatzurlaub. Die Jahresarbeitszeitsumme wird dann im Voraus gleichmäßig oder arbeitsanfallorientiert auf das Jahr verteilt (Flexibilität der Lage). Zeitreserven für unvorhergesehenen Personalbedarf bzw. Ausfallzeiten sind einzuplanen. Ankündigungsfristen sowie finanzieller Ausgleich (Kapazitätserweiterung/Arbeitszeitverlängerung) oder Zeitausgleich (nur Lageverschiebung der Arbeitszeit) sind zu vereinbaren.

Beispiel 3: Individueller Zeitwohlstand: Eigene Zeitpräferenzen über Zeitkonto[14] bei 40-Stunden-Woche, wobei 2,5 Stunden gutgeschrieben werden bei tarifvertraglicher Regelarbeitszeit von 37 Stunden.
Swing-time: Freizeit-Sparprogramm mit Übertragungs- und Ausgleichmöglichkeit auf *Monats-, Jahres-, Lebensarbeitszeit-Basis.*
Flexible Jahresarbeitszeit.

14 Seit 1983.

c) Rechtlicher Entscheidungsrahmen

Gesetzliche Regelungen, die sich speziell auf die „amorphe“ Arbeitszeit beziehen, bestehen derzeit nicht. Zu beachten sind aber die allgemeinen und besonderen Arbeitsschutzgesetze, insbesondere das ArbZG.

Bei der „amorphen“ Arbeitszeit empfiehlt es sich, im Tarifvertrag generelle Rahmenregelungen zu vereinbaren. So sind Bemessungszeiträume unterhalb der Lebensarbeitszeit regelungsbedürftig, insbesondere, in welchem Umfang Zeitschulden bzw. Zeitguthaben auf den nachfolgenden Bemessungszeitraum übertragbar sind oder ob ggf. eine Abgeltung in Geld zu erfolgen hat, soweit dem nicht § 3 Satz 2 ArbZG entgegensteht. Bei der Lebensarbeitszeit als Bemessungszeitraum ist zu regeln, was geschehen soll, wenn der Arbeitnehmer den Betrieb wechselt. Als Lösungsmuster könnte ein „Zeitwertpapier“ dienen, das der einzelne Arbeitnehmer von einem Arbeitgeber zum anderen mitnehmen kann (*Peter Hartz*, Personalvorstand der VWAG; vgl. Wirtschaftswoche v. 6. 4. 2000 u. Spiegel v. 20. 12. 1999, Das VW-Modell).

Ferner bietet es sich an, durch eine tarifvertragliche Öffnungsklausel den Betriebspartnern, Arbeitgeber und Betriebsrat, den Abschluss von ergänzenden Betriebsvereinbarungen gemäß § 77 Abs. 3 Satz 2 BetrVG zu gestatten, um betrieblichen Besonderheiten Rechnung zu tragen.

Grundsätzlich ist bei der „amorphen“ Arbeitszeit das zwingende Mitbestimmungsrecht des Betriebsrates gemäß § 87 Abs. 1 Nr. 2 BetrVG (Lage und Verteilung der Arbeitszeit auf die einzelnen Wochentage) zu beachten. Insbesondere wird ein Mitbestimmungsrecht bezüglich der Festlegung von Rahmenbedingungen und besonderen Verfahrensgrundsätzen zu bejahen sein (§ 87 Abs. 1 Nr. 2 BetrVG).

Notwendig ist, dass sowohl das konkret geschuldete Arbeitszeitvolumen (Anzahl der Arbeitsstunden) als auch der hierauf bezogene Bemessungszeitraum (Tag, Woche, Monat, Jahr) im Einzelarbeitsvertrag ausdrücklich festgelegt wird.

d) Flexibilisierungspotenzial

Das Flexibilisierungspotenzial der „amorphen“ Arbeitszeit ergibt sich sowohl hinsichtlich der Lage als auch der Dauer der Arbeitszeit. Je länger der Bemessungszeitraum gewählt wird (im Extremfall die Lebensarbeitszeit), desto größer ist das Flexibilisierungspotenzial.

e) Bewertung

Für den Arbeitgeber hat die „amorphe“ Arbeitszeit den entscheidenden Vorteil, hierdurch die Chance zu erhalten, eine Koordination zwischen der Arbeitszeit und dem Arbeitsanfall im Betrieb zu erzielen. Bei vereinbarter Jahresarbeitszeit besteht die Möglichkeit, dass der Arbeitnehmer eine höhere Arbeitsleistung bei saisonalen Spitzenzeiten erbringt, um dann im restlichen Jahr weniger zu arbeiten (Zeitguthaben). Hierdurch erspart sich der Arbeitgeber die Einstellung von zusätzlichen Arbeitnehmern. Die Bauindustrie – aber auch andere Branchen – könnten hiervon profitieren: ein Zugewinn an unternehmerischer Dispositionsfreiheit und Zeitsouveränität für den Arbeitnehmer bei entsprechender kollektivvertraglicher Regelung.

Durch die „amorphe“ Arbeitszeit eröffnet sich für den Arbeitnehmer eine größere Zeitsouveränität bezüglich Dauer und Lage der Arbeitszeit, soweit er selbst bestimmen kann, wieviel und wann er arbeiten will. Durch die Möglichkeit des Ansparens eines Zeitguthabens besteht die Option, einen längeren Urlaubszeitraum (z.B. ein Sabbatical) einzuschalten.

f) Ausblick

Die „amorphe“ Arbeitszeit eröffnet eine Vielzahl von Flexibilisierungsoptionen für Arbeitgeber und Arbeitnehmer. Ob die Erwartungen, die mit der „amorphen“ Arbeitszeit verbunden sind, sich erfüllen, hängt von ihrer Gestaltung ab. Wenn überwiegend der Arbeitgeber bestimmen darf, wann der Arbeitnehmer zu arbeiten hat, ähnelt die „amorphe“ Arbeitszeit der KAPOVAZ. Dann würde sich für den Arbeitnehmer keine zusätzliche Zeitsouveränität ergeben. Daher sollte darauf geachtet werden, dass durch die kollektivvertraglichen Regelungen (Tarifvertrag, Betriebsvereinbarungen) sichergestellt wird, dass auch der Arbeitnehmer Flexibilisierungsoptionen erhält. Zur Koordinierung von Arbeitnehmerinteressen und betrieblichen Erfordernissen bietet sich auf der betrieblichen Ebene der Abschluss einer Betriebsvereinbarung an.

Gewerkschaftliche Vorbehalte gegenüber der „amorphen“ Arbeitszeit hängen mit der Kompetenzverlagerung von der tariflichen auf die betriebliche Ebene zusammen. Dem gegenüber empfiehlt der Sachverständigenrat zur Begutachtung der gesamtwirtschaftlichen Entwicklung bereits in seinem Jahresgutachten 1989 die Einführung der „amorphen“ Jahresarbeitszeit als das Gebot der Stunde.

10. Grundmuster: Die selbstbestimmte Arbeitszeit bei Trennung von Betriebs- und Arbeitsstätte, insbesondere Telearbeit

a) Definition

Unter der selbstbestimmten Arbeitszeit bei Trennung von Betriebs- und Arbeitsstätte können alle diejenigen Arbeitszeitmodelle zusammengefasst werden, bei denen der Beschäftigte aufgrund der Verlagerung seiner Tätigkeit aus der betrieblichen Sphäre (Externalisierung) in einem größeren Umfang die Chance erhält, seine Arbeitszeit selbst (autonom) zu gestalten.

Eine derartige selbstbestimmte Arbeitszeitgestaltung ist z. B. bei der Heimarbeit, der Telearbeit und dem Heimarbeitsplatz gegeben. Der Begriff der Heimarbeit ist in § 2 Abs. 1 Heimarbeitsgesetz (HAG) definiert. Der Heimarbeiter erbringt seine Arbeit in einer von ihm selbst gewählten Betriebsstätte. Eine persönliche Abhängigkeit zum Auftraggeber besteht nicht, sodass der Heimarbeiter nicht als Arbeitnehmer angesehen werden kann.

Die Telearbeit ist dadurch gekennzeichnet, dass der „Telearbeiter“ seine Arbeitsleistung in räumlicher Abspaltung vom Betrieb in einer außerbetrieblichen Arbeitsstätte durch die Benutzung informationstechnischer Endgeräte erbringt, wobei zwischen ihm und seinem Arbeit- bzw. Auftraggeber eine telekommunikative Verbindung besteht. Bei alternierender Telearbeit wird diese nur zeitweise und nicht ausschließlich außerhalb des Betriebes erbracht. Bei mobiler Telearbeit besteht keine feste Bindung an einen bestimmte Arbeitsstätte (z. B. Außendiensttätigkeit).

Ein Heimarbeitsplatz liegt vor, wenn ein Arbeitnehmer bestimmte Arbeitsleistungen auch außerhalb des Betriebes erledigen kann, ohne dass hierdurch seine Arbeitnehmereigenschaft berührt wird (z. B., wenn der Arbeitnehmer zu Hause am PC arbeitet, ohne dass eine telekommunikative Verbindung zum Betrieb besteht).

b) Praktizierte Arbeitszeitmodelle

Die Heimarbeit aufgrund des HAG sind nicht Gegenstand dieser Betrachtung, weil Heimarbeiter als (arbeitnehmerähnliche) Selbständige ihre Arbeitszeit – unabhängig vom Auftraggeber – im Rahmen eines Werkvertragsverhältnisses selbst bestimmen.

Da auch der (zeitweise) Heimarbeitsplatz kein besonderes Arbeitszeitmodell darstellt, konzentrieren sich die nachfolgenden Ausführungen auf die Telearbeit.

Als *Beispiel* ist vor allem die Betriebsvereinbarung zwischen IBM Deutschland und dem Gesamtbetriebsrat über „außerbetriebliche Arbeitsstätten" vom 10. 12. 1992 zu erwähnen, die mit dem „Innovationspreis der Deutschen Wirtschaft" ausgezeichnet worden ist (Personal, 4/1993, S. 207).

Inzwischen ist bekannt, dass der Telearbeiter gegenüber dem Normalarbeitnehmer eine höhere Arbeitsproduktivität aufweist. Eine deutsche Automobil-Firma hat durch eine Untersuchung herausgefunden, dass bei ihr die erhöhte Arbeitsproduktivität der Telearbeiter 35% beträgt.

c) Rechtlicher Entscheidungsrahmen

Bei der Telearbeit ist zu beachten, dass sie in verschiedenen Organisationsformen durchgeführt werden kann. Erfolgt sie in Form der Heimarbeit, gilt das HAG. Wird die Telearbeit im Online-Betrieb erbracht, besteht für den Unternehmer eine permanente Überwachungsmöglichkeit, die eine persönliche „informationelle" Abhängigkeit des

Telearbeiters darstellt, sodass sämtliche Arbeitsschutzgesetze uneingeschränkt Anwendung finden. Ein spezielles Gesetz über Telearbeit existiert nicht.

Angesichts der rechtlichen Unsicherheit, die bei der Ausgestaltung der Telearbeit besteht, empfiehlt es sich, dass im Tarifvertrag zumindest Rahmenregelungen über die Einführung der Telearbeit vereinbart werden, worin der rechtliche Status des Telearbeiters eindeutig festgelegt wird. Inzwischen besteht zwischen der Deutschen Telekom AG/T-Mobil und der Postgewerkschaft ein neuer Tarifvertrag über Telearbeit vom 1. Januar 1999, der die erforderlichen begrifflichen Definitionen enthält.

Aufgrund der Arbeitnehmereigenschaft des Telearbeiters besteht ein Mitbestimmungsrecht des Betriebsrates gemäß § 87 Abs. 1 Nr. 6 BetrVG, weil beim Online-Betrieb die Möglichkeit einer technisierten Überwachung potenziell gegeben ist (Informationssysteme mit Arbeitnehmerbezug).

Die Begründung eines Telearbeitsverhältnisses oder die Schaffung eines Heimarbeitsplatzes setzen eine entsprechende einzelvertragliche Vereinbarung voraus, soweit keine Betriebsvereinbarung existiert oder diese ausfüllungsbedürftige Lücken aufweist. Hierzu haben *Boemke/Kaufmann* ein Vertragsmuster entwickelt (s. unter Literaturverzeichnis).

d) Flexibilisierungspotenzial

Die Telearbeit weist ein hohes Flexibilisierungspotenzial auf, wenn der Telearbeiter allein Lage und Dauer der Arbeitszeit bestimmen kann („Eigensteuerung"). Allerdings wird die zeitliche Selbstbestimmung dadurch wieder eingeschränkt, dass eine Online-Verbindung existiert, die dem Arbeitgeber gewisse Kontrollmöglichkeiten verschafft. Die Vereinbarung eines bestimmten Arbeitszeitumfanges dient lediglich dem Zweck, eine objektive Berechnungsgrundlage für die Festsetzung der Entlohnung zu liefern. Daneben existiert die „fremdgesteuerte" Telearbeit, wenn die Arbeitstage und die Lage der Arbeitszeit dem Mitarbeiter von der Führungskraft vorgegeben oder von der Verfügbarkeit notwendiger, vom Unternehmen gestellter Arbeitsmittel bestimmt werden (z.B. zeitlich befristete Zugangsberechtigung zum Zentralrechner).

e) Bewertung

Die selbstbestimmte Arbeitszeit bei Trennung von Betriebs- und Arbeitsstätte bietet für den Arbeitgeber den Vorteil, dass er keine zusätzlichen Betriebsräume mehr zur Verfügung stellen muss, während die hierfür erforderlichen IuK-Technologien immer preiswerter werden (Kostenersparnispotenzial). Zugleich kann hiermit eine größere Arbeitszufriedenheit einhergehen, die in besserer Qualität der Arbeit und höherer Arbeitsproduktivität zum Ausdruck kommt. Hinzu kommen Kosten- und Raumersparnisse.

Der Vorteil für den Telearbeiter besteht vor allem darin, dass er eine hohe Zeitsouveränität erhält und damit auch familiäre Verpflichtungen besser mit denen aus dem Arbeitsverhältnis in Einklang bringen kann (familienfreundlicher Aspekt). Bei ausschließlicher Telearbeit ist der Verlust des persönlichen Kontaktes mit anderen Beschäftigten (Gefahr sozialer Isolation) nicht gering zu achten. Andererseits schaffen die neuen Kommunikationstechniken mehr Kontaktmöglichkeiten. Darüber bietet es sich an, dass sich die Beschäftigten z.B. aufgrund einer Absprache in regelmäßigen Abständen im Betrieb treffen und gemeinsam mit dem Unternehmer die anfallenden Arbeitsaufgaben koordinieren. Zugleich wird hierdurch sichergestellt, dass das Zugehörigkeitsgefühl in Bezug auf das Unternehmen (Corporate Identity) erhalten bleibt bzw. gefestigt wird.

Ein wichtiger, der Einführung von Telearbeit entgegenstehender Vorbehalt ist das Misstrauen gegenüber der Sicherheit von Datentransfers. In der Praxis ist dieses Anliegen aber sowohl technologisch als auch zeitlich regelbar.

f) Ausblick

Mit der zunehmenden Verbreitung moderner IuK-Techniken (insbesondere ISDN) und den sinkenden Anschaffungskosten wird es für viele Betriebe immer attraktiver, bestimmte Arbeitsplätze aus der betrieblichen Sphäre zu verlagern (Externalisierung). Telearbeit wird daher weiter zunehmen, zumal sie sich nicht nur für Textverarbeitung, sondern auch für Fachaufgaben und Managementtätigkeiten eignet, wie Pilotprojekte (gefördert vom Bundesministerium für Wirtschaft) ergeben haben.

In 1999 gab es in Deutschland 2132 Telearbeitsplätze, das sind 6% der Erwerbstätigen, in Holland beträgt dieser Anteil 14,5%, in Schweden 15,2% und in Finnland 16,8%. Allerdings betrug der Zuwachs in Deutschland von 1994 bis 1999 34% (europäische Spitzenposition). Telearbeit ist also eine Arbeitsform mit Zukunft. Abgesehen davon ist sie vielfach die Vorstufe zur „neuen Selbständigkeit“ (Selbstangestellter).

C. Bewertung der Grundmuster der flexiblen Arbeitszeit

Tabelle 4: Bewertung der Grundmuster durch ArbN und ArbG

Bewertung der Grundmuster				
Formen flexibler Arbeitszeit	Arbeitnehmerorientiert aus der Sicht	Arbeitgeberorientiert der Praxis	Neutral	Rechtliche Zulässigkeit
– Teilzeit	+			+ (TV, BV, AV)
– Überarbeit (Überstunden)		+		+ (TV, BV,A V)
– Mehrarbeit (aufgrund TV) u. Kurzarbeit		+		+ (TV,BV, AV)
– Schichtarbeit		+		+ (ArbZG, TV, BV, AZ)
– Freischicht	+	++		+ (TV, BV, AV)
– GAZ (einfache)	++	+		+ (ArbZG, TV, BV, AZ)
– Flexible Altersgrenze	++			+ (TV, BV, AV)
– GAZ (qualifizierte)	++	+		+ (ArbZG, TV, BV, AV)
– KAPOVAZ		+		+ (TzBfG, TV, BV, AV)
– Jobsharing	+			+ (TzBfG, TV, BV, AV)
– „Amorphe“ AZ (JAZ, Sabbatical)			+	+ (TV, BV, AV)

Legende:
ArbZG = Arbeitszeitgesetz
AV = Arbeitsvertrag
AZ = Arbeitszeit
BV = Betriebsvereinbarung
GAZ = Gleitende Arbeitszeit
JAZ = Jahresarbeitszeit
TV = Tarifvertrag

Sämtliche Arbeitszeitmodelle lassen sich auf zehn bzw. elf (einschließlich Teilzeit) Grundmuster zurückführen. Dabei kommen in den einzelnen Variationen die Besonderheiten der jeweiligen Praxis zum Ausdruck. Dies haben eigene Untersuchungen an über 140 betrieblichen Arbeitszeitmodellen (vgl. 3. Aufl. 1996 dieses Buches) bestätigt.

Tabelle 5: Bewertung und Ausblick

Grundmuster	Bewertung (aufgrund typisierter Verhältnisse)	Ausblick
1. Überarbeit/ Mehrarbeit/ Kurzarbeit	– Vorübergehende Vermehrung bzw. Verminderung des Arbeitsanfalls	– Behält Bedeutung für kurzfristige personelle Engpässe bzw. Überhänge (Kurzarbeit)
2. Schichtarbeit	– Auslastung von Maschinenkapazitäten bei annähernd gleichbleibendem Stundenanfall	– Behält Bedeutung für technisierte Arbeitsabläufe, insbes. in Kombination mit anderen *Grundmustern*, wie der Freischicht zum Ausgleich von Arbeitszeitverkürzungen
3. Freischicht	– Aufrechterhaltung der Kontinuität der Produktion bei gleichzeitiger Verkürzung der WAZ unter 40 Stunden	– Bei zunehmender Arbeitszeitverkürzung nur noch als Weiterentwicklung in Kombination mit anderen Arbeitszeitformen wie *Langzeitkonten* (Fa. Hewlett-Packard)
4. Einfache Gleitzeit	– Variabilität von Beginn und Ende der TAZ. Dauer der TAZ bleibt unverändert; erster Schritt in Richtung „Zeitsouveränität“	– Zunehmende Ersetzung durch „qualifizierte“ GAZ

Tabelle 5: Bewertung und Ausblick (Fortsetzung)

Grundmuster	Bewertung (aufgrund typisierter Verhältnisse)	Ausblick
5. Flexible Altersgrenze und gleitender Übergang in den Ruhestand	– Abkoppelung der Ruhestandsgrenzen vom kalendarischen Alter. So auch *BAG*-Urteil v. 20. 10. 1993: keine tarifliche Festlegung der Altersgrenze	– Zunehmende Bedeutung aufgrund der zu erwartenden „demographischen Vergreisung" der Erwerbsbevölkerung
6. Qualifizierte Gleitzeit	– Veränderbarkeit von Lage (chronometrischer Faktor) und Dauer (chronologischer Faktor) der TAZ bei Wahrung innerbetrieblicher Kommunikation (Kernzeit) oder deren Vernachlässigung (keine Kernzeit) z. B. bei Entwicklungs- und Forschungstätigkeiten (bestimmtes Arbeitsergebnis steht im Vordergrund). Betriebliche Vorteile unabhängig von AZ-Verkürzung: Wegfall der Überstunden- und Mehrarbeitsvergütung und des Zustimmungserfordernisses des BR (BetrVG). Darüber hinaus ergeben sich Rationalisierungseffekte durch Anpassung der AZ an den Arbeitsanfall. Vorteil für ArbN: Zugewinn an Zeitsouveränität, Erfordernis von Zeitkonten	– In starkem Maße zukunftsorientiert; ein „Querschnitts"-Grundmuster für alle Branchen, auch für Produktionsbereich geeignet, z. B. bei teilautonomen Arbeitsgruppen
7. Anpassung der Arbeitszeit an den Arbeitsanfall (kapazitätsorientierte Arbeitszeit – KAPOVAZ)	– Anpassung der Arbeitszeit an den Arbeitsanfall durch Abruf der ArbN durch den ArbG: z. B. im Einzelhandel. Abstimmung der Personaleinsatzplanung mit der Kundenfrequenz (betrifft ca. 1,4 Mio. ArbNer); ausschließlich unternehmensorientiert, ohne Vorteile für ArbN. Betriebswirtschaftl. optimale Arbeitszeitform.	– Attraktiv für saisonal schwankenden Arbeitskräftebedarf.

Tabelle 5: Bewertung und Ausblick (Fortsetzung)

Grundmuster	Bewertung (aufgrund typisierter Verhältnisse)	Ausblick
8. Jobsharing (Arbeitsplatzteilung)	– Arbeitsplatzteilung unter zwei oder mehr ArbNern (§ 13 TzBfG). Für die Organisation von TZ geeignet. Offiziell wenig verbreitet: hohe Anforderung an Selbstorganisation der „Arbeitsplatzteiler". Risiko der Urlaubs- und Krankheitsvertretung verbleibt bei ArbG. Deshalb bloße TZ auf halbiertem Arbeitsplatz (Jobsplitting) verbreiteter.	– Entwicklung ist offen.
9. „Amorphe" Arbeitszeit	– Vielzahl von Flexibilisierungsoptionen für ArbG u. ArbN, weil nur das Arbeitszeitvolumen tarifvertragl. vorgegeben. Lage u. Dauer sind dagegen offen für betriebl. bzw. einzelvertragl. Festlegungen (Bsp.: Jahres- o. Lebensarbeitszeitverträge, Langzeiturlaub, Monatsarbeitszeit). – Organisation: Langzeit-Freizeitspeicher	– Nach den „Fünf Weisen" ist die amorphe JAZ bereits das Gebot der Stunde.
10. Selbstbestimmte Arbeitszeit bei Trennung von betriebs- und Arbeitsstätte	– Beliebiges Flexibilisierungspotenzial für Heimarbeitsplätze (z. B. Telecommuting), geeignet. Das Arbeitsergebnis steht im Vordergrund. Ein vorgegebenes Arbeitszeitvolumen dient nur noch der Lohnbemessung.	– Kostenmäßig wird es immer attraktiver, bestimmte Arbeitsplätze zu externalisieren. Für 1995 rechnete man in den USA mit ca. 51 Mio. Teleheimarbeitsplätzen.

D. Arbeitszeitkonten

I. Allgemeine Gründe für die Einführung von Arbeitszeitkonten

Drei wichtige Gesichtspunkte sprechen für die Einführung von flexibler Arbeitszeit (Arbeitszeitkonten):

- Kostenersparnis,
- Steigerung der Arbeitsbedingungen, um gute Mitarbeiter/innen halten zu können,
- eine rechtliche Absicherung.

1. Kostenvorteile

Nach einer aktuellen Marketing-Studie belaufen sich zwar die durchschnittlichen Kosten für die Einrichtung eines Arbeitsplatzes mit flexibler Arbeitszeit auf 5000 bis 20000 DM; sie amortisieren sich aber schon in weniger als einem Jahr. Danach bringt die eingeführte flexible Arbeitszeit Kostenvorteile zwischen zwei und drei Prozent.

Im Einzelnen ergeben sich Kostenvorteile durch

- längere Maschinenlaufzeiten,
- Senkung der Fixkosten,
- Vermeidung oder Verringerung von unproduktiven Phasen,
- Wegfall oder Verringerung teurer Mehrarbeit,
- Ausgleich von Fehlzeiten (Urlaub, Krankheit),
- Wegfall von Kurzfehlzeiten (durch Arztbesuche u. Behördengänge),
- bessere Lösung von Vertretungsproblemen,
- Steigerung der Arbeitsproduktivität, Verbesserung der Arbeitsqualität und Kundenorientierung als Folge von Arbeitszufriedenheit (höhere Motivation).

2. Steigerung der Attraktivität der Arbeitsbedingungen

Flexible Arbeitszeit, die Mitarbeitern/innen Zeitsouveränität gewährt, ist attraktiver als starre Arbeitszeit. Dies kommt zum Ausdruck durch

- geringere Mitarbeiter-Fluktuation,
- entsprechend geringere Fluktuationskosten (für z. B. Personalsuche, Einarbeitung u. Qualifizierung),
- leichtere Rekrutierung geeigneter Mitarbeiter/-innen.

3. Rechtliche Absicherung

Die Möglichkeit rechtlicher Absicherung ergibt sich daraus, dass die Einführung flexibler Arbeitszeit die Chance für die eindeutige Vereinbarung arbeitsrechtlich zulässiger Flexi-Modelle eröffnet. Die gilt auch für die Anwendung des Gesetzes zur sozialrechtlichen Absicherung flexibler Arbeitszeitregelungen (Langzeitkonten, Altersteilzeit).

II. Wirtschaftliche Funktion der „Überarbeit"

„Überstunden" und „Mehrarbeit" sind heutzutage willkürliche Begriffe geworden, weil dass ArbZG keine Mehrarbeit mehr vorsieht. Deshalb kann man beide Fälle auch als „Überarbeit" bezeichnen.

Als Antwort auf einen erhöhten, nicht vorhersehbaren Arbeitsanfall gilt immer noch die Anordnung bzw. Vereinbarung von „Überstunden". Die hierin steckende stille Personalreserve ist im Bedarfsfalle schnell abrufbar und gewährleistet insoweit eine flexible Gestaltung von Arbeitszeit und Arbeitsorganisation. Nicht selten entstehen hierdurch „Überstundenberge", deren Abbau vielfach ein schwer lösbares Problem darstellt. Dies hat unterschiedliche Ursachen.

Neueinstellungen könnten eine Lösung darstellen, wenn der Arbeitsmarkt ein entsprechendes Potenzial von qualifizierten Arbeitskräften aufweisen würde; hieran soll es aber nach Berichten aus der Praxis nicht selten fehlen.

Soweit Neueinstellungen daher nicht in Betracht kommen, könnte man für den Abbau von Überstunden an deren finanzielle Abgeltung denken. Dieser Maßnahme sind jedoch arbeitszeitrechtliche Grenzen gesetzt. Es dürfen nämlich nur solche Überstunden abgegolten werden, die nicht durch Freizeitgewährung auszugleichen sind. Dies sind Überstunden, die sich im Rahmen der höchstzulässigen Arbeitszeit (§ 3 Abs. 1 ArbZG) von 8 Stunden bewegen (s. Abb. 5).

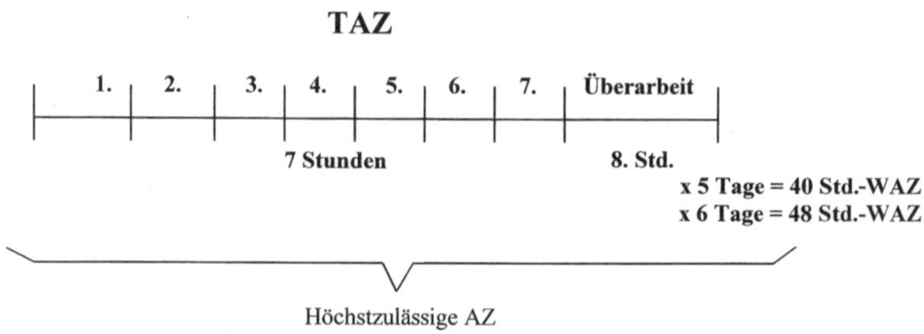

Legende:
AZ = Arbeitszeit
TAZ = Tagesarbeitszeit
WAZ = Wochenarbeitszeit

Abbildung 4: Arbeitszeitrechtlich zulässige Überarbeit *ohne Ausgleichspflicht*

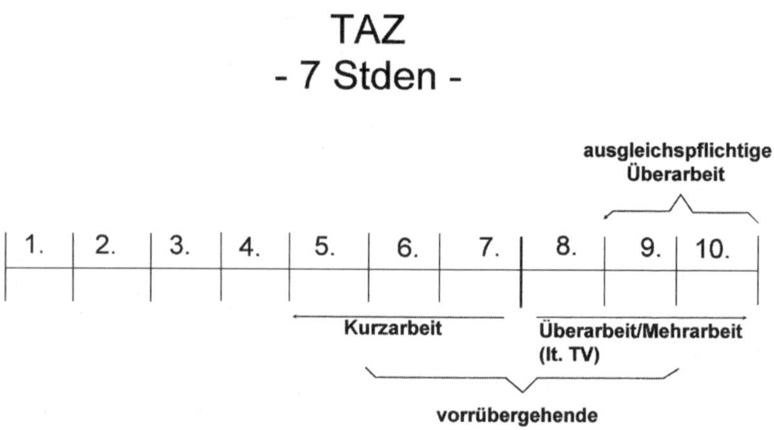

Abbildung 5: Überarbeit/Mehrarbeit/Kurzarbeit

Handelt es sich z. B. um eine Teilzeit von vier Stunden täglich, würde ein weiteres vierstündiges Zeitvolumen – ohne Verpflichtung zum Freizeitausgleich – entstehen. Dieses könnte finanziell abgegolten werden. Es entstünde kein Überstundenberg. Je geringer die tägliche Arbeitszeit, desto größer das Flexibilisierungspotenzial, ein Vorzug der Teilzeit, der auch der Arbeitgeberseite zu denken geben sollte. Umgekehrt gilt: Je länger die tägliche Arbeitszeit, desto weniger Flexibilität. Beträgt z.B. im Rahmen der 35-Stundenwoche die tägliche Arbeitszeit 7 Stunden, würde nur die achte Stunde als nicht ausgleichspflichtige und deshalb bezahlte Überstunde zur Verfügung stehen; (s. Abb. 4).

III. Verpflichtung zum Zeitausgleich

Einen Ausweg für mehr Flexibilität und Kostenersparnis bietet die variable Gleitzeit. Sie weist zwei deutliche Vorteile auf; weil sie keine „Mehrarbeit" entstehen lässt, entfällt sowohl das betriebsverfassungsrechtliche Zustimmungserfordernis als auch die Zuschlagspflichtigkeit. Soweit jedoch über die höchstzulässige tägliche Arbeitszeit von 8 Stunden hinaus – z.B. bis zur Grenze von 10 Stunden – gearbeitet wird, entsteht für den Arbeitgeber die gesetzliche Verpflichtung zum Zeitausgleich innerhalb eines Zeitraumes von 6 Monaten bzw. 24 Wochen (§ 3 Satz 2 ArbZG). Das bedeutet, Überarbeit ist durch eine entsprechende Minderarbeit (einer Sinuskurve vergleichbar) auszugleichen, damit innerhalb des gesetzlichen Ausgleichszeitraumes ein

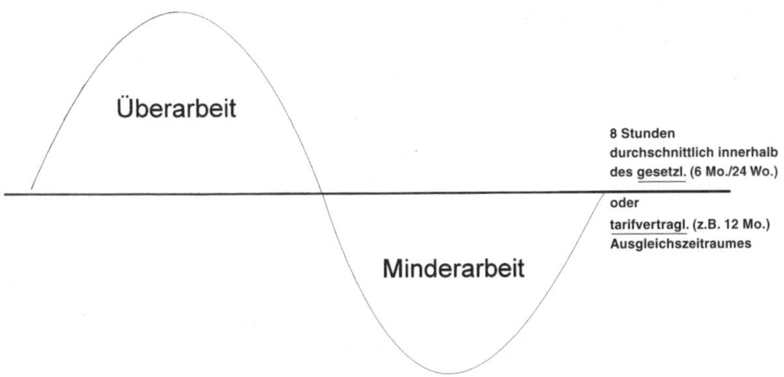

Überarbeit ist durch entsprechende Minderarbeit auszugleichen

Abbildung 6: Zeitausgleich (Sinuskurve)

Mittel von 8 Stunden werktäglich nicht überschritten wird (s. Abb. 6). Dieses Erfordernis ist unbedingt zu beachten, weil es bußgeld- und strafbewehrt ist (vgl. §§ 22 Abs. 1 Nr. 1, Abs. 2; 23 ArbZG). Insoweit hat sich die Rechtslage gegenüber der AZO grundsätzlich geändert. Das ArbZG kennt keine Mehrarbeit; statt dessen soll es zu Neueinstellungen kommen.

1. Gesetzlicher Ausgleichszeitrahmen

Für viele Betriebe ist der gesetzliche Ausgleichszeitraum von sechs Monaten zu kurz, um Produktions- und Nachfrageschwankungen ganzjährig durch (ausgleichspflichtige) Überarbeit auffangen zu können. Daher trachten sie nach einem mindestens einjährigen (zwölfmonatigen) Ausleichszeitraum. Dieser kann jedoch nur in einem Tarifvertrag oder aufgrund eines Tarifvertrages in einer Betriebsvereinbarung zugelassen werden (§ 7 Abs. 1 Nr. 1.b ArbZG).

2. Tarifvertraglicher Ausgleichszeitraum

Eine Reihe von Tarifverträgen sehen bereits zwölfmonatige Ausgleichszeiträume vor. Im Falle beiderseitiger Tarifbindung können daher Arbeitgeber- und Arbeitnehmerseite ein Jahresarbeitszeitkonto vereinbaren und damit einen größeren Spielraum für die variable Gleitzeit gewinnen (s. Anhang IV. 3 § 2 Nr. 3).

Auch bei Betrieben ohne Tarifbindung sieht das Gesetz die Möglichkeit vor, sich einer entsprechenden tarifvertraglichen Regelung anzuschließen. Voraussetzung dafür ist, dass ein zuständiger Tarifvertrag einen zwölfmonatigen Ausgleichszeitraum zulässt und der nicht tarifgebundene Arbeitgeber mit dem Betriebsrat die Direktübernahme dieser Regelung durch Betriebsvereinbarung beschließt. Besteht kein Betriebsrat, tritt an die Stelle der fehlenden Betriebsvereinbarung die schriftliche Vereinbarung von Arbeitgeber und Arbeitnehmer (§ 7 Abs. 3 Satz 1 u. 2 ArbZG).

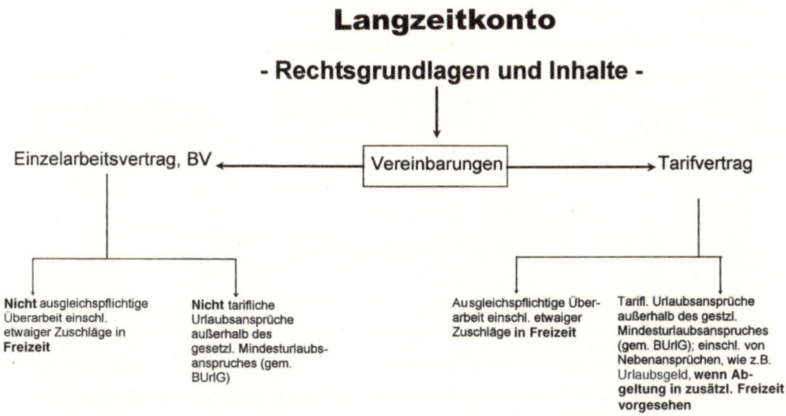

Abbildung 7: Langzeitkonto

3. Einführung von Jahresarbeitszeitkonten

Für die rechtlich zulässige Einführung von Jahresarbeitszeitkonten bedarf es also eines zuständigen Tarifvertrages mit entsprechender Jahresarbeitszeitregelung, andernfalls ist gemäß § 3 Satz 2 ArbZG nur eine halbjährige Arbeitszeitkontenregelung zulässig. Insoweit wäre die Errichtung von Jahresarbeitszeitkonten durch Betriebsvereinbarung oder Einzelabsprache unzulässig. Hierfür ist in jedem Falle eine tarifliche Zulässigkeit Voraussetzung. Wo diese fehlt, gibt es keine zulässige Abweichungsmöglichkeit von § 3 Satz 2 ArbZG.

Für die zeitwirtschaftliche Behandlung von Zeitkonten ist zu beachten, dass diese sowohl der Kontrolle des Ausgleiches von ausgleichs- und dokumentationspflichtiger (§ 16 Abs. 2 ArbZG) Überarbeit (über 8 Stunden täglich) als auch der Verwaltung der Zeitguthaben dienen können. Zeitguthaben entstehen durch z. B. tarifvertraglich vereinbarte (nicht gesetzliche!) „Mehrarbeit" mit Zeitzuschlag (statt mit Geld), durch nicht ausgleichspflichtige Überarbeit ohne und mit Zeitzuschlag, durch Zeitzuschläge für Samstags-, Sonntags- und Feiertagsarbeit sowie durch das Ansammeln von Urlaubszeit, die über dem gesetzlichen bzw. tariflichen Mindesturlaubsanspruch liegt.

Arbeitszeitkonto
- Dispositionszeiträume -

- Tag: **Sollzeit** tariflicher **Durchschnittsbetrag** (von z.B. 7 Stdn. TAZ, Kernzeit von 6 Stdn. u. Rahmenzeit von 10 Std.);
Saldo ergibt entweder - bei Überarbeit - ein **Zeitguthaben** oder - bei Minderarbeit - eine **Zeitschuld**
Erforderliche Prüfung : Überschreitet die Überarbeit die höchstzulässige Grenze von 8 Stdn. wegen der Dokumentationspflicht gem. § 16 Abs. 2 ArbZG?

- Woche: Korridor mit variablem Stundenkonto (z.B. 40 bis 30 Stdn.)
WAZ = Durchschnittsbetrag von z.B. 35 Stdn.; im übrigen WAZ = Zeitraum für Schichtplanerstellung.

- Monat: Festgelegter Stundenbetrag für Monatslohn; für herkömmliche GAZ Ausgleichszeitraum (mit Beschränkung für den maximalen Übertrag in den Folgemonat).

- Jahr:: Ausgleichszeitraum für JAZ mit kapazitätsorientierter Anpassung an schwankenden Arbeitsanfall
Erforderliche Prüfung : Tarifvertragliche Ausnahme-Ermächtigung für 12-monatigen Ausgleichszeitraum wegen Abweichung vom Grundsatz des § 3, 2 ArbZG gegeben? (Nicht erforderlich für nichtausgleichspflichtige Überarbeit im Rahmen des 8- Stundentages!).

- Langzeitkonto: Ansammeln von "Überhängen" zur Beschäftigungssicherung, Altersteilzeit und Lebensarbeitszeit
Erforderliche Prüfung : Siehe vorstehend.

Abbildung 8: Arbeitszeitkonto

Nicht ausgleichspflichtige Zeitguthaben können auch auf Langzeitkonten zur Beschäftigungssicherung, Altersteilzeit und Lebensarbeitszeit angesammelt werden; (s. Abb. 7).

Eine sozialrechtliche Absicherung flexibler Arbeitszeitregelungen sieht das gleichlautende Gesetz vom 14. 4. 1998 vor, das rückwirkend zum 1. 1. 1998 in Kraft getreten ist. Hiernach können aufgrund der Einfügung eines Absatzes 1 a in § 7 SGB IV sogenannte „Wertguthaben" (Zeit- und Geldguthaben) als sozialversicherungspflichtiges Arbeitsentgelt zur Bezahlung des Arbeitnehmers während der Freistellungsphasen verwandt werden. Vor dem 1. 1. 1998 war dies rechtlich nicht möglich; (s. Abb. 9).

4. Zulässiger Inhalt von Arbeitszeitkonten

a) Vorbemerkung

Zu unterscheiden sind:

1. *Kurzzeitkonten* für Zeitwirtschaft im laufenden Jahr bzw. Verteilungszeitraum und
2. *Langzeitkonten* für die Ansammlung von „Überhängen".

Gesetz zur sozialrechtlichen Absicherung flexibler Arbeitszeitregelungen vom 14.4.1998 (rückwirkend zum 1.1.1998 in Kraft getreten)

1. - Gesetz ist **nicht** auf bestimmte Modelle der AZ-Flexibilisierung zugeschnitten

2. - Es gilt für **alle** zulässigen Flexi-Modelle einschließl. **Altersteilzeit**.

3. - **Anwendungsvorraussetzungen**
a) - **Schriftliche** Vereinbarung (AV, BV/DV, TV),
b) - Freistellung
c) - Anspruch auf Arbeitsentgelt, das
- nicht unangemessen und
- nicht geringfügig sein darf,
d) - nicht aus **vorhergehender** oder **nachfolgender** Arbeitsphase (Wertguthaben)

Abbildung 9: Gesetz zur sozialrechtlichen Absicherung flexibler Arbeitszeitregelungen

b) Kurzzeitkonten

1. *Kontrolle* des Ausgleiches der *ausgleichs-* und *dokumentationspflichtigen* (§ 16 Absatz 2 ArbZG) Überarbeit (über 8 Stunden täglich)
   a) – durch entsprechende *Minderarbeit*,
   b) – innerhalb des
      – gesetzlichen (§ 3 Satz 2 ArbZG = 6 Monate etc.) oder
      – tariflichen *Ausleichszeitraumes* (§ 7 Abs. 1 Nr. 1b; Abs. 3 Satz 1 ArbZG)
   c) – Aus ausgleichspflichtiger Überarbeit erwächst grundsätzlich *kein* Zeitguthaben (Bsp.: Gleitzeit), es sei denn,
      – Überarbeit gilt als zuschlagspflichtige *Mehrarbeit* (lt. AV, BV, TV) und
      – für diese ist entweder wahlweise oder ausschließlich ein Zeitzuschlag (kein Geld!) vorgesehen.
2. Zeitguthaben
   d) – aus „Mehrarbeit" mit Zeitzuschlag,
   e) – aus *nicht* ausgleichspflichtiger Überarbeit ohne und mit Zeitzuschlag,

f) – aus Zeitzuschlägen aus Samstags-, Sonntags- und Feiertagsarbeit,
g) – aus Urlaubszeiten über dem gesetzlichen Mindesturlaubsanspruch.

c) Langzeitkonten

Ansammeln von „Überhängen“ zur

1. – Beschäftigungssicherung,
2. – Altersteilzeit (mit Ausgleichszeiträumen von 3 bzw. 5 Jahren gem. § 2 Abs. 2 Nr. 1 AltersteilzeitG),
3. – Lebensarbeitszeit.

IV. Merksätze

- Satz 1: **Je größer der Flexibilisierungsgrad, desto mehr Zeitmanagement ist erforderlich.**
- Satz 2: **AZ-Flexibilisierung lebt vom Ausgleich. Deshalb sollten Plus- und Minusstunden (vereinbarungsgemäß) gleich sein; andernfalls entstehen Probleme („Überstunden-Eisberg“).**
- Satz 3: **Nicht die „Gipfel“, die „Täler“ sind das Problem (Hoff/Weidinger).**
- Satz 4: **Nur Zuschläge in Zeit sind Inhalt des AZ-Kontos.**
- Satz 5: **Die Entlastung der Überarbeit durch Minderarbeit muss gewährleistet sein.**

E. Methodisches Vorgehen zur Flexibilisierung der betrieblichen Arbeitszeit

Tabelle 6: Sechs-Phasen-Methode

1.	**Analyse-Phase** Analyse des Ist-Zustandes (z. B. des Standards der Arbeitsorganisation) Ziele des Unternehmens bzw. Betriebes (Soll-Zustand)
2.	**Orientierungs- und Such-Phase** (z. B. anhand der *Grundmuster*)
3.	**Entscheidungsphase** Bewertung der *Grundmuster* vor dem Hintergrund der eigenen Unternehmensziele Entwicklung eines eigenen optimalen Flexibilisierungs-Modells (*Grundmuster* + spezifische Vorgaben)
4.	**Planungs-Phase** Maßnahmen zur Umsetzung des Flexibilisierungs-Modells unter Berücksichtigung der Beteiligungsrechte des Betriebsrates als „Planungspartner"
5.	**Implementierungsphase** Einführung des Flexibilisierungs-Modells
6.	**Evaluations-Phase** Überprüfung und Auswertung der Erfahrungen mit dem eingeführten Flexibilisierungs-Modell: gegebenenfalls Anbringung von Korrekturen!

Bei den Phasen des vorstehenden Schaubildes (Tabelle 6) geht es um die Bewertung der Grundmuster vor dem Hintergrund der eigenen betrieblichen Ziele sowie um die Entwicklung eines eigenen optimalen Flexibilisierungs-Modells (Grundmuster plus spezifische Varianten).

Die *Planungs-* sowie *Implementierungsphase* als Voraussetzung einer erfolgreichen betrieblichen Arbeitszeitflexibilisierung sollte prozesshaft gestaltet werden. Empirische Untersuchungen im Rahmen eines von uns durchgeführten DFG-Forschungsprojektes über das Problem der Arbeitszeitflexibilisierung haben gezeigt, dass gerade die rechtzeitige Beteiligung des Betriebsrates bei der Planung unabdingbare Voraussetzung für das spätere optimale Funktionieren flexibler Arbeitszeitmodelle im betrieblichen Alltag ist. Die frühzeitige Einbindung des Betriebsrates in den Planungsprozess stellt also nicht nur eine „lästige“ Pflicht des Arbeitgebers dar, sondern dient auch dessen eigenen Interessen. Wie bereits angemerkt, kann ein Arbeitszeitmodell nur dann optimal funktionieren, wenn die Arbeitnehmer es akzeptieren, sie also auch ihre Belange berücksichtigt wissen (Akzeptanzproblematik). Dies muss um so mehr gelten, als dem Betriebsrat *erhebliche Beteiligungsrechte* im Zusammenhang mit der Gestaltung der betrieblichen Arbeitszeit (§ 87 Abs. 1 Nr. 2 und 3 BetrVG) und dem Einsatz von Zeiterfassungssystemen als potenziellen technischen Überwachungseinrichtungen (§ 87 Abs. 1 Nr. 6 BetrVG) zustehen. Für eine optimale Gestaltung des Planungsprozesses empfiehlt sich z. B. die Bildung eines *Projektteams*, in das die beteiligten Interessen und der Sachverstand eingebunden sind.

In der Implementierungsphase geht es darum, die in der Planungsphase gewonnenen Erkenntnisse in ein tragfähiges und funktionierendes Konzept umsetzen. Die beste Grundlage dafür bietet eine Betriebsvereinbarung über die Gleitzeit.

Die *Evaluations-Phase* dient vor allem der Überprüfung der bisherigen Erfahrungen mit dem eingeführten Arbeitszeitflexibilisierungsmodell, um gegebenenfalls Korrekturen anbringen zu können.

F. Altersteilzeit

I. Arbeitsmarktpolitische Aspekte

1. Ablösung der „58er Regelung“ durch das Gesetz zur Förderung des gleitenden Übergangs in den Ruhestand

Vor Inkrafttreten des Gesetzes zur Förderung des gleitenden Übergangs in den Ruhestand v. 23. 7. 1996 (BGBl. I S. 1078), das in Art. 1 das Altersteilzeitgesetz regelt, zuletzt geändert durch Gesetz vom 27. Juni 2000 (BGBl. I S. 910), existierte lediglich die Möglichkeit der sog. Frühverrentung. Diese sah betriebliche Vereinbarungen vor, gemäß derer nach einjähriger Arbeitslosigkeit mit 60 Jahren die volle Rente bezogen werden konnte. Die vorzeitig ausgeschiedenen Arbeitnehmer erhielten vom Arbeitgeber Zuzahlungen zum Arbeitslosengeld. Aufgrund der diversen Ausnahmetatbestände des § 128 AFG waren die Unternehmen in den wenigsten Fällen zur Rückerstattung des Arbeitslosengeldes an die Bundesanstalt für Arbeit verpflichtet, was vornehmlich zu einer Belastung der Arbeitslosenversicherung mit Kosten für die Rente führte. Als Instrument der Personalpolitik überforderte es aufgrund der hohen Kosten gleichermaßen Beitragszahler und Sozialversicherung.

Die „58er Regelung“ wurde mit dem Gesetz zur Förderung des gleitenden Übergangs in den Ruhestand abgelöst. Damit wurden für die Arbeitsvertragsparteien neue Rahmenbedingungen zur Vereinbarung von Altersteilzeit geschaffen. Das AltersteilzeitG bietet Arbeitnehmern, ab Vollendung des 55. Lebensjahres, die Möglichkeit eines gleitenden Übergangs von einer Vollzeitbeschäftigung zu einer Teilzeitbeschäftigung.

2. Das AltersteilzeitG als „Subventionsgesetz“ zur Förderung der Beschäftigung

Abgesehen von der Entlastung der Rentenversicherung durch das AltersteilzeitG, soll mit dem Gesetz auch auf die Arbeitsmarktsituation Einfluss genommen werden. Durch die Reduzierung der wöchentlichen Arbeitszeit im Rahmen der Altersteilzeit können die entsprechenden Lohnminderungen durch eine entsprechende Aufstockung ausgeglichen werden. Diesen Aufstockungsbetrag sowie die zusätzlichen Beiträge zur Rentenversicherung für sich in Altersteilzeit befindliche Arbeitnehmer erhält der Arbeitgeber – unter bestimmten Voraussetzungen – von der Bundesanstalt für Arbeit erstattet, wenn er den freigewordenen Arbeitsplatz durch einen Arbeitslosen bzw. in Kleinunternehmen durch die Einstellung eines Auszubildenden wieder besetzt. Damit soll vorgenannten Personen ein Eintritt ins Arbeitsleben ermöglicht werden.

So bietet das AltersteilzeitG – auch neben dem Gesetz zur sozialrechtlichen Absicherung flexibler Arbeitszeitregelungen v. 4. 4. 1998 – eine weitere sozialverträgliche Möglichkeit zur Entlastung des Arbeitsmarktes.

II. Überblick über die wesentlichen Neuerungen des seit dem 1. 7. 2000 geltenden AltersteilzeitG

1. Verlängerung der Geltungsdauer des AltersteilzeitG

Die Geltungsdauer des AltersteilzeitG wurde nunmehr bis zum 31. 12. 2009 verlängert, vgl. § 1 Abs. 2 AltersteilzeitG. Damit wurde den gemeinsamen Zielen der Teilnehmer am Bündnis für Arbeit, Ausbildung und Wettbewerb Rechnung getragen; den Bündnispartnern ging es vor allem um eine beschäftigungswirksamere Ausgestaltung des AltersteilzeitG.

2. Erhöhung der Förderungshöchstdauer

Um eine stärkere Akzeptanz des AltersteilzeitG bei den Vertragspartnern zu erreichen, wurde die Förderungsdauer der Bundesanstalt für Arbeit um ein Jahr auf nunmehr sechs Jahre erhöht, vgl. § 4 Abs. 1 AltersteilzeitG. Diese Erhöhung soll einerseits Anreize zur Vereinbarung längerer Vertragslaufzeiten bei den Altersteilzeitverträgen geben, andererseits soll den Altersteilzeitarbeitnehmern die Möglichkeit zur längeren Inanspruchnahme dieser Teilzeitform angeboten werden.

3. Erhöhung der Mindestnachbesetzungsdauer als Voraussetzung für die Aufstockungsleistung der Bundesanstalt für Arbeit

Mit der zum 1. 7. 2000 erfolgten Gesetzesänderung des AltersteilzeitG ging gleichzeitig eine Erhöhung der Mindestnachbesetzungsdauer um ein Jahr auf vier Jahre einher, vgl. § 5 Abs. 2 letzter Satz AltersteilzeitG. Kann die Besetzung des Arbeitsplatzes nicht mehr aufrecht erhalten werden, hat der Arbeitgeber aber für insgesamt 4 Jahre Leistungen von der Bundesanstalt für Arbeit erhalten, werden diese Leistungen trotzdem weiter erbracht. Die Ursache für die Nichtbesetzung wird in diesem Fall der Veränderung der Betriebsstruktur zugerechnet und steht damit nicht mehr in Verbindung mit der Altersteilzeit.

III. Der Begriff der Altersteilzeit

1. Teilruhestand mit gleitendem Übergang vom Erwerbsleben in den Ruhestand

Der Begriff der Altersteilzeit kann als Teilruhestand verstanden werden, der aufgrund der Halbierung der üblichen Arbeitszeit älterer Arbeitnehmer gleichzeitig ein Teilzeitarbeitsverhältnis mit mehr Freizeit bedingt und somit einen gleitenden Übergang vom Erwerbsleben in die Alterrente ermöglicht. Das AltersteilzeitG gibt Arbeitnehmern, die das 55. Lebensjahr vollendet haben, die Möglichkeit, eine freiwillige Vereinbarung über den Übergang von einer Vollzeittätigkeit zur Teilzeittätigkeit abzuschließen.[15]

---

15 Vgl. *Schaub*, Arbeitsrechtshandbuch, § 44 Rdnr. 98 f.

2. Das Altersteilzeitarbeitsverhältnis als Unterform des Teilzeitarbeitsverhältnisses

Nach herrschender Ansicht ist das Altersteilzeitarbeitverhältnis, neben den ihm zugrunde liegenden gesonderten Bestimmungen, ein Teilzeitarbeitsverhältnis, das im Rahmen der Vertragsfreiheit auch als Jobsharing (hier wird die Arbeitszeitlage durch die Arbeitnehmer, die sich bei der Erfüllung einer Arbeitsaufgabe abwechseln, bestimmt, vgl. § 13 TzBfG) oder Abrufarbeitsverhältnis (der Arbeitgeber bestimmt die Lage der Arbeitszeit, wobei in der Regel ein monatliches oder jährliches Arbeitsdeputat vereinbart wurde, vgl. § 12 TzBfG) abgeschlossen werden kann. Neben der in § 4 Abs. 1 TzBfG statuierten Gleichbehandlung von Teilzeit- und Vollzeitbeschäftigten finden grundsätzlich auch im Rahmen eines Altersteilzeitarbeitsverhältnisses die wesentlichen arbeitsrechtlichen Schutzgesetze wie das BUrlG oder das EFZG Anwendung, sodass der Arbeitgeber während des Urlaubs oder bei Erkrankung (für die Dauer von sechs Wochen, danach erhält der Altersteilzeitarbeitnehmer Krankengeld von der Krankenkasse) die Vergütung für die Altersteilzeit einschließlich des Aufstockungsbetrages und der Beiträge für die gesetzliche Rentenversicherung zu entrichten hat.[16] Handelt es sich bei der Altersteilzeit um ein Blockmodell (der Arbeitnehmer arbeitet in der ersten Hälfte des Verteilungszeitraumes voll und ist so in der zweiten Hälfte völlig von der Arbeit freigestellt) und fällt die Erkrankung in die Zeit der Freistellung, entsteht kein Anspruch auf Entgeltfortzahlung bzw. Krankengeld, weil der betroffene Arbeitnehmer ohnehin sein Altersteilzeitentgelt erhält. Das KSchG findet ebenso Anwendung auf das Altersteilzeitarbeitsverhältnis, wobei § 8 Abs. 1 AltersteilzeitG einen zusätzlichen Kündigungsschutz enthält. Danach stellt die Inanspruchnahme von Altersteilzeit weder einen die Kündigung sozial rechtfertigenden Grund dar, noch kann sie bei der sozialen Auswahl im Rahmen des § 1 Abs. 3 Satz 1 KSchG zum Nachteil des betroffenen Arbeitnehmers berücksichtigt werden. Im Übrigen ist eine Befristung des Altersteilzeitarbeitsverhältnisses nach § 8 Abs. 3 AltersteilzeitG zulässig.

---

16 Vgl. *Schaub*, Arbeitsrechtshandbuch, § 44 Rdnr. 114 ff.

Im Rahmen des Altersteilzeitarbeitsverhältnisses unterliegen gleichermaßen Arbeitgeber und Arbeitnehmer bestimmten Mitwirkungspflichten. Die Mitwirkungspflichten des Arbeitgebers gegenüber der Bundesanstalt für Arbeit sind in den §§ 60 ff. SBG I geregelt, die Mitwirkungspflichten der Altersteilzeitarbeitnehmer erfahren eine spezialgesetzliche Regelung in § 11 AltersteilzeitG.

IV. Arbeitsrechtliche Voraussetzungen

Die Bundesanstalt für Arbeit fördert gemäß § 1 AltersteilzeitG unter bestimmten Voraussetzungen die Altersteilzeitarbeit von Arbeitnehmern, die ihre Arbeitszeit ab Vollendung des 55. Lebensjahres spätestens ab 31. 12. 2009 vermindern, und damit die Einstellung eines sonst Arbeitslosen ermöglichen. Somit besteht bis spätestens Ende Dezember 2009 die Möglichkeit, in eine Altersteilzeitbeschäftigung zu gehen.

1. Begünstigter Personenkreis

Für eine Förderung durch die Bundesanstalt für Arbeit muss der Arbeitnehmer dem begünstigten Personenkreis nach § 2 AltersteilzeitG angehören. Neben der Vollendung des 55. Lebensjahres muss der betreffende Arbeitnehmer innerhalb der letzten fünf Jahre vor Beginn der Altersteilzeit mindestens drei Jahre in der Arbeitslosenversicherung versicherungspflichtig beschäftigt gewesen sein und noch keinen Anspruch auf eine volle Rente haben. Durch die Statuierung der Versicherungspflichtigkeit nach den §§ 24 SGB III soll die Möglichkeit der Inanspruchnahme von Arbeitslosengeld erhalten bleiben. Die vorgenannten Voraussetzungen erfüllen auch Arbeitnehmer, die älter als 55 Jahre sind und innerhalb der letzten fünf Jahre vor Beginn der Altersteilzeit Sozialleistungen wie Arbeitslosengeld, Arbeitslosenhilfe oder Krankengeld auf der Grundlage des § 16 Abs. 2 SGB III bezogen haben. Die Fördervoraussetzung nach § 2 AltersteilzeitG verlangt weiter eine Verminderung der bisherigen wöchentlichen Arbeitszeit auf die Hälfte. Im Zweifel ist nunmehr als Arbeitszeit der Durchschnitt der letzten 24 Monate vor Beginn der Altersteilzeit – ohne Berücksichtigung von Arbeitszeiten, die über der tariflichen regelmäßigen wöchentlichen Arbeitszeit liegen – zugrunde zu legen, vgl. § 6 Abs. 2 AltersteilzeitG.

2. Wiederbesetzung im Sinne des § 5 Abs. 2 AltersteilzeitG als Anspruchsvoraussetzung des Arbeitgebers

Eine maßgebliche Voraussetzung für die Inanspruchnahme der Förderleistungen der Bundesanstalt für Arbeit ist die Wiederbesetzung des freigemachten oder durch Umsetzung frei gewordenen Arbeitsplatzes nach § 5 Abs. 2 AltersteilzeitG durch Einstellung eines Arbeitslosen oder durch die Übernahme eines Ausgebildeten.

Dabei wird bei Kleinunternehmen mit bis zu 50 Arbeitnehmern die Altersteilzeit nach § 3 Abs. 2 AltersteilzeitG auch dann gefördert, wenn aus Gründen der Altersteilzeit ein Auszubildender eingestellt wird. Für die Feststellung der Beschäftigtenzahl von Kleinunternehmen gelten die Bestimmungen des § 7 AltersteilzeitG. Zudem ist bei Kleinunternehmen der Nachweis einer Umsetzungskette nicht erforderlich, sodass insbesondere eine Wiederbesetzung des konkret freigewordenen Arbeitsplatzes nicht erforderlich ist.

Bei Betrieben mit mehr als 50 Arbeitnehmern ist der Nachweis einer Umsetzungskette nicht zwingend vorgeschrieben. Insbesondere können auch dann Förderleistungen gewährt werden, wenn für einen in Altersteilzeit befindlichen Arbeitnehmer ein anderer Mitarbeiter in seinen Aufgabenbereich nachrückt, und im selben Funktionsbereich des Unternehmens ein Wiederbesetzer i. S. e. Arbeitslosen oder eines Ausgebildeten eingestellt wird, vgl. § 3 Abs. 2 AltersteilzeitG. So besteht in diesem Zusammenhang insbesondere die Möglichkeit, dass sich zwei ältere und vormals vollzeitbeschäftigte Mitarbeiter die Arbeitsplätze teilen und der freigewordene Arbeitsplatz von einem Arbeitnehmer in Vollzeit wiederbesetzt werden kann. Ebenso kann aber auch der Wiederbesetzer eine Teilzeitbeschäftigung ausüben.

3. Verteilung bzw. Halbierung der Arbeitszeit, § 2 Abs. 2 AltersteilzeitG

Was die Verteilung der Arbeitszeit anbelangt, ist eine Halbierung der bisherigen wöchentlichen Arbeitszeit sowie eine versicherungspflichtige Beschäftigung im Sinne des SGB III erforderlich. Die Voraussetzungen zur Halbierung der Arbeitszeit sind auch dann erfüllt, wenn die wöchentliche Arbeitszeit im Durchschnitt eines Zeitraums von bis zu drei Jahren oder bei Regelung in einem Tarifvertrag, aufgrund eines Tarifvertrages in einer Betriebsvereinbarung oder in einer Regelung der kirchlichen und der öffentlichen Religionsgesellschaften im Durchschnitt eines Zeitraums von nunmehr bis zu sechs Jahren die Hälfte der bisherigen wöchentlichen Arbeitszeit nicht überschreitet, eine versicherungspflichtige Beschäftigung des Arbeitnehmers nach § SGB III vorliegt und das Arbeitsentgelt sowie der Aufstockungsbetrag fortlaufend gezahlt wird, vgl. § 2 Abs. 2 AltersteilzeitG. Da die Verteilung der Arbeitszeit den betrieblichen Vertragspartnern anheim gestellt ist, sind dabei entsprechend den betrieblichen Bedürfnissen auch Blockmodelle mit einem Wechsel von Arbeits- und Freistellungsphasen möglich.

Nach § 2 Abs. 3 AltersteilzeitG besteht weiter die Option, den Verteilungszeitraum durch Tarifvertrag zu verlängern, wobei allerdings zu berücksichtigen ist, dass die Erstattung der Leistungen durch die Bundesanstalt für Arbeit nach § 2 Abs. 3 letzter Satz AltersteilzeitG auf die Dauer von sechs Jahren begrenzt ist.

4. Erstattungsleistungen der Bundesanstalt für Arbeit im Rahmen des § 4 AltersteilzeitG

Nach § 4 Abs. 1 AltersteilzeitG erstattet die Bundesanstalt für Arbeit dem Arbeitgeber den Aufstockungsbeitrag (20% des Teilzeitarbeitsentgelts) und die Beiträge zur Rentenversicherung (90% des bisherigen Arbeitsentgelts, d. h. des Entgelts, das der Arbeitnehmer für seine Arbeitsleistung auf der Grundlage seiner bisherigen Arbeitszeit bekommen würde). Für den Fall, dass der Arbeitgeber höhere als die vorgenannten Beträge zahlt, erstattet das Arbeitsamt die Mindestleistungen nach § 3 Abs. 1 Nr. 1 a und b AltersteilzeitG. Durch die Steuer- und Sozialabgabenfreiheit des Aufstockungsbetrages enthält der Arbeitnehmer grundsätzlich mindestens 70% des pauschalierten Nettoarbeitsentgelts, das er bekommen würde, wenn er seine Arbeitszeit nicht vermindert hätte. Im Rahmen der Steuerfreiheit ist allerdings zu berücksichtigen, dass für das verbleibende zu versteuernde Einkommen ein gesonderter Steuersatz gilt, sodass sich unter Umständen Steuernachzahlungen ergeben können[17].

Wird in niedrigen Lohngruppen ein Nettoarbeitsentgelt von 70% nicht erreicht, ist der Aufstockungsbetrag wie auch die Erstattungsleistung entsprechend höher.

Liegt nach § 4 Abs. 2 AltersteilzeitG eine Befreiung des Arbeitnehmers von der gesetzlichen Rentenversicherung vor, bleibt dieser Umstand insoweit unerheblich, als auch für diese Arbeitnehmer Leistungen nach § 4 Abs. 1 AltersteilzeitG erbracht werden.

Zu beachten ist, dass Vereinbarungen über die Freistellung des Arbeitgebers von der Verpflichtung zur Zahlung des Aufstockungsbetrages sowie des zusätzlichen Beitrages zur Rentenversicherung für die in § 8 Abs. 2 AltersteilzeitG genannten Fälle nach § 134 BGB nichtig sind.

5. Ruhen und Erlöschen der Förderung, § 5 AltersteilzeitG

Grundsätzlich ruht oder erlischt der Anspruch auf Förderung, wenn die Voraussetzungen des § 5 AltersteilzeitG vorliegen.

Ein Erlöschen des Anspruchs liegt insbesondere dann vor, wenn das Altersteilzeitverhältnis beendet ist, sei es, dass der betroffene Arbeitnehmer die Altersteilzeit beendet hat oder wieder im Rahmen eines Vollzeitarbeitsverhältnisses tätig ist, oder eine Rente wegen Alters bzw. eine vergleichbare Leistung einer Versicherungs- oder Versorgungseinrichtung, eine Knappschaftsleistung oder eine ähnliche Leistung öffentlich-rechtlicher Art bezieht. Ebenso erlischt die Förderung mit Ablauf des Kalendermonats, in dem der Arbeitnehmer das 65. Lebensjahr vollendet hat.

Der Anspruch auf Förderung entfällt auch dann, wenn der Arbeitgeber im Rahmen der Wiederbesetzung den dafür vorgesehenen Arbeitnehmer nicht mehr auf dem zu besetzenden Arbeitsplatz beschäftigt und dieser Arbeitsplatz nicht innerhalb von drei Monaten mit einem entsprechenden Arbeitnehmer besetzt wird. Eine Weiterge-

---

17 Vgl. Näheres hierzu: Bundesministerium für Arbeit und Sozialordnung (Hrsg.): Altersteilzeit ab 55, S. 9.

währung der Leistungen ist aber bei erneuter Wiederbesetzung möglich.

Kann der Arbeitgeber die Besetzung des Arbeitsplatzes nicht aufrecht erhalten und hat er für mindestens vier Jahre bereits Förderleistungen erhalten, werden diese Leistungen weitererstattet, da in diesem Fall davon ausgegangen wird, dass der Nichtbesetzung eine Veränderung in der Betriebsstruktur zugrunde liegt.

Der Anspruch des Arbeitgebers auf Erstattung ruht während der Zeit, in der der Arbeitnehmer neben der Altersteilzeitarbeit Beschäftigungen oder unselbständige Tätigkeiten oberhalb der Geringfügigkeitsgrenze des § 8 SGB IV ausübt. Ausgenommen sind solche Tätigkeiten, die der Arbeitnehmer bereits innerhalb der letzten fünf Jahre vor Beginn der Altersteilzeit ständig ausgeübt hat.

Der Anspruch auf Förderung erlischt, wenn er 150 Kalendertage geruht hat, wobei hier das Prinzip der Zusammenrechnung gilt. Dies gilt auch, wenn Mehrarbeit geleistet wird, die den Umfang der Geringfügigkeitsgrenze des § 8 SGB IV überschreitet.

Mehrarbeit bis zum Umfang der Geringfügigkeitsgrenze im Sinne des § 8 SGB IV hat auf die Förderleistung der Bundesanstalt für Arbeit keinen Einfluss, sodass auch Altersteilzeitarbeitnehmer jedenfalls vorübergehend in die betrieblich anfallende Mehrarbeit miteinbezogen werden können.

Im Rahmen der Vertragsfreiheit können sowohl in Tarifverträgen, Betriebsvereinbarungen als auch in Individualvereinbarungen Regelungen getroffen werden, inwieweit bei einer Nebentätigkeit oder für den Fall von Mehrarbeit der Arbeitgeber von der Aufstockung des Arbeitsentgelts bzw. der Rentenbeiträge freizustellen ist.

6. Möglichkeiten zur Vereinbarung von Altersteilzeit

a) Grundsätzliches

Die Vereinbarung eines Altersteilzeitarbeitsverhältnisses kann zwischen den Vertragspartnern stets nur einvernehmlich erfolgen. Zu berücksichtigen ist aber, dass der Arbeitgeber den Anspruch des Arbeitnehmers auf Abschluss eines Altersteilzeitarbeitsverhältnisses nur unter Vorliegen eines sachlichen Grundes versagen darf, d.h. die Ablehnungsentscheidung des Arbeitgebers muss entsprechend der Auslegungsregel des § 315 Abs. 1 BGB billigem Ermessen entsprechen. Beanspruchen mehrere Arbeitnehmer Altersteilzeit und würde bei einem Abschluss von Altersteilzeit mit sämtlichen Arbeitnehmern die Belastungsgrenze überschritten, kann nach Rechtsprechung des BAG[18] eine Auswahl nach Alter und Dauer der Betriebszugehörigkeit vorgenommen werden.[19]

Beanspruchen mehr als 5% der Arbeitnehmer eines Betriebes Altersteilzeit, muss nach § 3 Abs. 1 Nr. 3 AltersteilzeitG die freie Entscheidung des Arbeitgebers sichergestellt sein oder eine Ausgleichskasse der Arbeitgeber oder eine gemeinsame Einrichtung der Tarifvertragsparteien bestehen, wobei beide Voraussetzungen in Tarifverträgen verbunden werden können.

Für den Erhalt der Förderleistungen der Bundesanstalt für Arbeit ist erforderlich, dass der Vertrag über das Altersteilzeitarbeitsverhältnis vor dem Beginn der Alterteilzeit vereinbart wird. Dabei sollte für die Laufzeit der vertraglichen Vereinbarung sichergestellt sein, dass das Altersteilzeitbeschäftigungsverhältnis bis zum frühestmöglichen Zeitpunkt läuft, zu dem der betroffene Arbeitnehmer eine Altersrente – ggf. auch mit Abschlägen – beanspruchen kann. Andernfalls liegen die Voraussetzungen nach dem AltersteilzeitG nicht vor. Dennoch ist Altersteilzeit auch ohne Anspruch auf Förderleistungen durch die Bundesanstalt für Arbeit möglich. Hierbei sind die Regelungen über die Zahlung von Aufstockungsbeträgen und Beiträgen zur gesetzlichen Rentenversicherung analog anzuwenden, damit ein Ausgleich der wirtschaftlichen Nachteile für den Arbeitnehmer gewährleistet bleibt. § 3 Abs. 1 Nr. 1 AltersteilzeitG hält für die Vereinbarung von Altersteilzeit verschiedene Rechtsgrundlagen bereit.

---

18 Vgl. *BAG* v. 21. 1. 1987, AP Nr. 46 zu Art. 9 GG.

19 Ebenso möglich ist z. B. eine Quotenregelung, die häufig in Tarifverträgen vereinbart wird.

b) Tarifvertrag und Betriebsvereinbarung als kollektivvertragliche Gestaltungsinstrumente

Soweit aufgrund eines Tarifvertrages eine abschließende Vereinbarung zur Altersteilzeit getroffen wurde, ist eine Betriebsvereinbarung über die Regelungen zur Altersteilzeit wegen der Sperrwirkung des § 77 Abs. 3 Satz 1 BetrVG nicht möglich, es sei denn, dass der Tarifvertrag nach § 77 Abs. 3 Satz 2 BetrVG eine Öffnungsklausel zu Gunsten einer Betriebsvereinbarung enthält. Dabei ist grundsätzlich zu berücksichtigen, dass die Vereinbarung von Altersteilzeit für einen Verteilungszeitraum von über drei Jahren (insbesondere bei langfristigen Blockmodellen) nur möglich ist, wenn ein entsprechender Tarifvorbehalt dies zulässt. Wird die Arbeitszeit bis zu einem Zeitraum von drei Jahren verteilt, kann eine entsprechende Vereinbarung grundsätzlich über eine Betriebsvereinbarung oder eine arbeitsvertragliche Vereinbarung getroffen werden, vgl. § 2 Abs. 2 Nr. 1 AltersteilzeitG.

Besteht kein Tarifvertrag bzw. fehlt eine Tarifbindung, kann auch eine Betriebsvereinbarung Regelungen zur Altersteilzeit vorsehen. Da die erzwingbare Mitbestimmung des § 87 Abs. 1 BetrVG einen abschließenden Katalog enthält, der nach herrschender Meinung[20] nur durch eine Betriebsvereinbarung wie durch Tarifvertrag erweitert werden kann, besteht die Möglichkeit, eine freiwillige Vereinbarung über § 88 BetrVG zur Altersteilzeit abzuschließen, weil § 88 BetrVG lediglich eine beispielhafte Aufzählung vorsieht und jedenfalls § 87 Abs. 1 BetrVG ein gesetzliches Mitbestimmungsrecht über die Vereinbarung von Alterteilzeit nicht vorsieht.

c) Individualvertragliche Regelung

Schließlich besteht die Möglichkeit, eine arbeitsvertragliche Vereinbarung zwischen Arbeitgeber und Arbeitnehmer über die Altersteilzeit zu treffen, soweit weder eine tarifvertragliche Regelung noch eine Betriebsvereinbarung über Altersteilzeit existiert.

---

20 Vgl. DKK, Kommentar zum BetrVG, § 87 Rdnr. 35 f.

Wird Altersteilzeit im Rahmen einer Individualvereinbarung geregelt, bedarf diese nach § 2 Abs. 2 Nr. 2 letzter Satz AltersteilzeitG der Schriftform.

V. Altersteilzeit als Arbeitszeitmodell anhand ausgewählter Praxisbeispiele

Nach einer tabellarischen Auflistung des Bundesministeriums für Arbeit- und Sozialordnung (Stand Juni 2000)[21] existieren im Bundesgebiet für den Zeitraum Mai 96 bis Mai 2000 bereits 400 Tarifverträge zur Förderung von Altersteilzeit.

Derzeit dürfte die Vereinbarung von Altersteilzeit noch größtenteils über Tarifverträge geregelt sein.

Erschwerend kommt hinzu, dass bei den vorwiegend in Anspruch genommenen Blockmodellen im Rahmen der Altersteilzeit die Bundesanstalt für Arbeit die in Altersteilzeit beschäftigten Arbeitnehmer erst nach Abschluss der Vollarbeitsphase über die Förderung erfasst. Eine gesonderte Stelle für die grundsätzliche Erfassung von Arbeitnehmern in Alterteilzeit existiert nicht.

Nach einer Untersuchung des Bundesarbeitsministeriums[22] über flexible Arbeitszeitmodelle in bundesdeutschen Betrieben werden 53 Firmen vorgestellt, von denen lediglich vier Firmen Regelungen zur Altersteilzeit getroffen haben. Zwei von diesen Unternehmen bieten Altersteilzeit über eine tarifvertragliche Regelung an, wobei Altersteilzeit bei einem Unternehmen ausschließlich im Blockmodell durchgeführt wird.

Zwei der insgesamt 53 erfassten Firmen haben über eine Betriebsvereinbarung eine Regelung zur Altersteilzeit getroffen.

Das erste Unternehmen aus der Aluminiumbranche[23] mit ca. 500 Mitarbeitern, drei Produktionsbereichen, der Instandhaltung und Verwaltung hat eine entsprechende Betriebsvereinbarung zur Altersteilzeit

---

21 Vgl. unter Bundesministerium für Arbeit und Sozialordnung (Hrsg.): Altersteilzeit ab 55, S. 55 ff.

22 Vgl. unter folgender Internet-Adresse: www.bma.bund.de. (Altersteilzeitmodelle).

23 Corus Aluminium Voerde GmbH.

in Kombination mit dem Lebensarbeitszeitmodell im vollkontinuierlichen Schichtbetrieb abgeschlossen.

Dabei besteht für die älteren Arbeitnehmer die Möglichkeit, das Zeitguthaben über das Lebensarbeitszeitkonto – soweit es mindestens einen Freizeitanspruch von einem Monat aufweist – in eine Altersteilzeitregelung einzubringen (Altersteilzeit mit eingebrachtem Zeitguthaben).

Alternativ stehen zwei Optionen zur Verfügung:

(1) Verlängerung des 24-Monate-Modells

Hier werden Arbeitsphase und Freizeitphase um jeden vollen Monat des Zeitguthabens aus dem Lebensarbeitszeitkonto verlängert. Bei einem Guthaben auf dem Lebensarbeitszeitkonto in Höhe von beispielsweise drei Monaten verlängert sich bei dieser Alternative die Arbeits- und Freizeitphase um diese Monate auf jeweils 15 Monate. Insgesamt gilt damit die Altersteilzeitregelung für insgesamt 30 Monate mit der Maßgabe, dass die tatsächliche Arbeitsphase aufgrund des dreimonatigen Zeitguthabens 12 Monate beträgt und sich damit die Freizeitphase um diese 3 Monate auf 18 Monate verlängert.

(2) Verkürzung der Arbeitsphase innerhalb des 24-Monate-Modells

Bei einem Zeitguthaben von drei Monaten wird die tatsächliche Arbeitsphase um drei auf neun Monate verkürzt, sodass sich die tatsächliche Freizeitphase auf 15 Monate verlängert.

Grundsätzlich können bei dieser Regelung nur volle Monate aus dem Lebensarbeitszeitkonto in die Altersteilzeitregelung eingebracht werden. Für die Berechnung eines vollen Monats werden die in einem Jahr zu leistenden Schichten eines Mitarbeiters – nach Abzug des Jahresurlaubs – durch 12 Monate geteilt. Dabei hat der Mitarbeiter auch die Wahl, zur Erreichung eines vollen Monats bis zu sechs Tage seines Jahresurlaubs einzubringen. Eventuelle Restzeitguthaben können in der Arbeitsphase abgefeiert werden.

Abgesehen von diesem Praxismodell bestünde im Zusammenhang mit Restzeitguthaben auch die Möglichkeit, über eine Betriebsvereinbarung eine Regelung zu treffen, wonach der betreffende Arbeitnehmer sein Zeitguthaben wahlweise in eine betriebliche Altersversorgung, soweit eine solche existiert, einbringen kann.

Eine Betriebsvereinbarung über flexible Arbeitszeiten in einem Unternehmen der Druckindustrie[24] mit ca. 275 Mitarbeitern sieht ebenfalls eine Regelung zur Altersteilzeit vor. Dabei wird allen Arbeitnehmern, die dem begünstigten Personenkreis nach dem AltersteilzeitG angehören, die Option von Altersteilzeit angeboten. Ein bestimmtes Altersteilzeitmodell existiert in diesem Unternehmen nicht. Vielmehr wird individuell – je nach Schichtmodell – geprüft, wie sich die Inanspruchnahme von Altersteilzeit für den jeweiligen Arbeitsplatz organisatorisch am besten umsetzen lässt.

Im Normalschicht-Betrieb wird entweder die tägliche Arbeitszeit halbiert oder im wöchentlichen Wechsel (1 Woche Vollzeit – 1 Woche Freizeit) gearbeitet. Im Mehrschicht-Betrieb wird ausschließlich im Vollzeit-/Freizeit-Modell im wöchentlichen Wechsel bzw. im Zwei-Schicht-Modell im vierzehntätigen Wechsel (1 Woche Vollzeit – 1 Woche Spätschicht – 1 Woche Freizeit) gearbeitet. Längerfristige Blockmodelle (1 Jahr Vollzeit – 1 Jahr Freizeit) gibt es bislang in diesem Unternehmen nur für einen Arbeitnehmer.

VI. Altersteilzeit und Rente

1. Altersrente wegen Arbeitslosigkeit oder nach Altersteilzeit

Bislang bestand für Arbeitslose die Möglichkeit, unter bestimmten Voraussetzungen schon mit Vollendung des 60. Lebensjahres Altersrente zu beziehen. Da diese Möglichkeit verstärkt als Instrument der Personalpolitik herangezogen wurde, ergab sich ein erheblicher Kostenanstieg für die Sozialversicherung sowie höhere Beitragssätze zu Lasten von Arbeitnehmer und Arbeitgeber.

Die Modifikation der bisherigen Altersrente in eine „Altersrente wegen Arbeitslosigkeit oder nach Altersteilzeitarbeit“ – bei schrittweiser Anhebung von 60 auf 65 Jahre im Zeitraum von 1997 bis 2001 – soll

24 Sigel GmbH&Co.

der Belastung der gesetzlichen Rentenversicherung entgegenwirken. Dennoch bleibt eine vorzeitige Inanspruchnahme der Rente möglich, wobei unter Berücksichtigung des Ausgleichs der Rentenbezugsdauer die monatliche Rente für jeden vorgezogenen Monat um 0,3 Prozent verringert wird.

Für die „Altersrente wegen Arbeitslosigkeit oder nach Altersteilzeitarbeit“ bleibt es für die Inanspruchnahme nach Altersteilzeitarbeit unerheblich, ob die Altersteilzeitarbeit von der Bundesanstalt für Arbeit gefördert wurde.

a) Voraussetzungen

Anspruch auf Altersrente wegen Arbeitslosigkeit oder nach Altersteilzeit haben versicherte Personen, welche die Voraussetzungen des § 237 SGB VI erfüllen.

Zu beachten ist, dass für bestimmte versicherte Personen (z. B. Altersrente für langjährig Versicherte § 36 SGB VI, Altersrente für Frauen § 237a SGB VI, Altersrente für Schwerbehinderte § 37 SGB VI) ein sog. Vertrauensschutz besteht, aufgrund dessen die Anhebung der Altersgrenze anders geregelt ist. Für Personen mit Vertrauensschutz gelten die Maßgaben des Rentenreformgesetzes 1992.[25]

b) Altersteilzeitarbeit und Teilrente

§ 42 Abs. 1 SGB VI ermöglicht eine Altersrente als Vollrente oder als Teilrente. Nach § 42 Abs. 2 SGB VI kann die Teilrente ein Drittel, die Hälfte oder zwei Drittel der erreichten Vollrente betragen. Im Rahmen der Altersteilzeitarbeit bietet dies dem Versicherten die Möglichkeit, neben der Wahl seiner Teilrente im Rahmen des zulässigen Hinzuverdienstes einer sozialversicherungspflichtigen Teilzeitbeschäftigung nachzugehen. Zu beachten ist aber, dass für diese Konstellation eine Förderung nach dem AltersteilzeitG nicht mehr gewährt wird.

---

25 Vgl. Näheres dazu unter Bundesministerium für Arbeit und Sozialordnung (Hrsg.): Altersteilzeit ab 55, S. 29 ff.

Allerdings kann der Versicherte durch einen Hinzuverdienst[26] eine Rentensteigerung erzielen, die zu einer Verbesserung der späteren Vollrente führt. Damit hat der Betroffene auch die Möglichkeit, die Rentenminderungen im Falle eines vorzeitigen Rentenbezugs auszugleichen.

Zudem sieht § 42 Abs. 3 SGB VI einen sog. Erörterungsanspruch für Versicherte vor, die aufgrund der Inanspruchnahme einer Teilrente ihre Arbeitsleistung vermindern wollen. Hierbei besteht insbesondere die Möglichkeit, zusammen mit dem Arbeitgeber Konzepte zur Umorganisation des Arbeitsplatzes im Hinblick auf die Verkürzung der Arbeitszeit zu besprechen. Aus § 42 Abs. 3 SGB VI kann kein Anspruch auf Abschluss eines Teilzeitarbeitsverhältnisses hergeleitet werden, es besteht lediglich ein Anspruch auf Erörterung mit dem Arbeitgeber.[27]

VII. Ausblick

Vor dem Hintergrund steigender Kosten, effizienter Betriebsstrukturen sowie Arbeitszeitverkürzungen und der Überalterung der Arbeitsgesellschaft ist Altersteilzeit ist ein geeignetes Instrument, den Übergang aus dem Erwerbsleben in den Ruhestand flexibel zu gestalten. Dieses Instrument bietet gleichermaßen Arbeitgeber wie Arbeitnehmer Vorteile. Bei Inanspruchnahme von Altersteilzeit hat der Arbeitgeber weiterhin die Möglichkeit, auf das Know-how seines langjährigen Mitarbeiters zurückzugreifen. Dies dürfte vor allem für die Branchen ein Anreiz sein, die einen kontinuierlichen Facharbeitermangel aufweisen. Durch die erforderliche Umorganisation des Arbeitsplatzes kann eine ökonomisch günstige Ausnutzung und damit eine Senkung der Lohnnebenkosten erreicht werden. Gleichzeitig kann mit der Inanspruchnahme von Altersteilzeit einer zunehmenden Überalte-

---

26 Die Hinzuverdienstgrenzen werden individuell ermittelt, sie können beim zuständigen Rentenversicherungsträger vom Versicherten oder dem beauftragten Arbeitgeber angefragt werden; die Hinzuverdienstgrenzen dürfen im laufenden Kalenderjahr zweimal bis zum Doppelten der für einen Monat geltenden Hinzuverdienstgrenze durch Sonderzahlungen wie Weihnachts- oder Urlaubsgeld überschritten werden.

27 Vgl. *Schaub*, Arbeitsrechtshandbuch, § 44 Rdnr. 129.

rung der Arbeitnehmerschaft entgegengewirkt werden. Da zudem die Verteilung der Arbeitszeit grundsätzlich den Vertragspartnern überlassen bleibt (erforderlich ist lediglich eine Halbierung der Arbeitszeit über einem Gesamtzeitraum von bis zu drei Jahren), kann über eine individuelle Regelung den betrieblichen Bedürfnissen ausreichend Rechnung getragen werden. Hinzu kommt, dass die Kündigung von älteren Arbeitnehmern mit vielen Einschränkungen verbunden ist und das Kündigungsschutzgesetz keineswegs eine Alternative zum arbeitsrechtlich neutralen AltersteilzeitG darstellt. Schließlich dürfte auch die Förderung durch die Bundesanstalt ein Anreiz für die Vereinbarung von Altersteilzeit sein.

Für den Arbeitnehmer hat Altersteilzeit insbesondere den Vorteil, dass er über die Inanspruchnahme von Altersteilzeit frei entscheiden kann und so die Möglichkeit erhält, sich bei Verminderung seiner Arbeitsleistung auf den Ruhestand vorbereiten zu können. Insbesondere kann der betroffene Arbeitnehmer auch gesundheitliche Aspekte im Sinne einer altersbedingten Leistungsminderung bei seiner Entscheidung über die Inanspruchnahme von Altersteilzeit berücksichtigen. Die Lohnnachteile, die der Arbeitnehmer durch die verminderte Arbeitszeit erleiden würde, werden durch die Aufstockung des Lohns ausgeglichen; Gleiches gilt für den Ausgleich der versicherungsrechtlichen Nachteile durch die verringerte Arbeitszeit.

Überdies besteht bei Bezug einer Teilrente über die Hinzuverdienstmöglichkeit eine weitere Alternative zum Ausgleich einer Rentenminderung.

G. Praxisbeispiele

Die nachfolgenden Beispiele aus der betrieblichen Praxis sollen die Arbeitszeitflexibilisierung illustrieren und zur konstruktiv-kritischen „Nachahmung“ anregen. Zu wünschen wäre, dass sich der Leser in dem einen oder anderem Praxisbeispiel mit seinem eigenen Arbeitszeit-Anliegen wiederfindet. Die Beispiele sind dem Forschungsbericht Nr. 281 (Dokumentation Arbeitszeit – Praxisbeispiele) des Bundesministeriums für Arbeit und Sozialordnung, 1999, entnommen. Die direkten Zitate sind gekennzeichnet.

I. Schichtarbeit

Beispiel 1:

Getränkedosen-Deckelwerk Braunschweig der Schmalenbach – Lubeca AG mit ca. 210 Mitarbeitern/innen:

Um die ca. 210 Arbeitsplätze am Standort Braunschweig sichern zu können, sah sich das Unternehmen gezwungen, die Produktion von sechs auf sieben Tage in der Woche auszudehnen. Die hierfür erforderliche Ausnahmegenehmigung von § 9 Abs. 1 ArbZG wurde gemäß § 13 Abs. 5 ArbZG vom Gewerbeaufsichtsamt unter der Bedingung erteilt, dass die vorhandenen Arbeitsplätze gesichert wurden. Mit Hilfe einer flexiblen Arbeitszeitregelung sollte außerdem erreicht werden, besser auf kurzfristige Kundenanforderungen reagieren zu können.

Entwicklung und Umsetzung

Die Initiative zur Einführung der flexiblen 7-Tage-Woche ging von der Unternehmensleitung aus. Die vom harten internationalen Wettbewerb ausgehenden Gefahren für den Standort Braunschweig bewogen nach anfänglichem Zögern den Betriebsrat, sich Gesprächen über eine Ausdehnung der Betriebsnutzungszeiten zu öffnen. In einem ersten Workshop wurden unter Moderation eines externen Arbeitszeitberaters verschiedene Arbeitszeitmodelle zwischen Werksleitung und Betriebsrat diskutiert.

Im Zuge der Entwicklung des Arbeitszeitmodells wurden die Arbeitszeitwünsche der Mitarbeiter erhoben. Insbesondere wurden die aus der Sicht der Mitarbeiter einzuhaltenden Kriterien für ein akzeptables 7-Tage-System herausgearbeitet. Dabei kristallisierten sich die folgenden Anforderungen heraus:

- Die Schichtgruppen sollten nicht aufgeteilt werden.
- Die Schichtlagen (Früh/Spät/Nacht) sollten in kurzem Rhythmus wechseln.
- Die Vertragsarbeitszeit sollte ohne Einbringschichten erreicht werden können.
- Es sollte keine 12-Stunden-Schichten geben (auch nicht am Wochenende).
- Die Schichtfolge sollte über ein ganzes Jahr planbar sein.

Das ausgearbeitete Modell (S. 118) erfüllt diese Bedingungen und wird – auch nach einem zwischenzeitlich erfolgten „Review" – von allen Beteiligten immer noch als die beste Lösung im Rahmen einer 7-Tage-Woche angesehen. Allerdings mussten sich die Mitarbeiter an den im Vergleich zu früher schnelleren Wechsel der Schichtlagen gewöhnen.

In zeitnah hintereinander einberufenen Schichtbesprechungen wurden der zwischen Werksleitung und Betriebsrat ausgehandelte Entwurf einer Betriebsvereinbarung den Mitarbeitern präsentiert. Auf Flipcharts wurde sichtbar festgehalten, was aus der Sicht der Mitarbeiter noch zu verhandeln sei. Dies waren Themen wie Schichtübergabe und Freischichtblockbildung.

Die Umsetzung des Modells war von einer eigens für die Mitarbeiter erstellten Unterlage begleitet. Darin waren die verschiedenen Elemente des Modells übersichtlich dargestellt. Die Führungskräfte (alle Schichtführer und Vertreter) und Arbeitnehmervertreter wurden mit Unterstützung des externen Arbeitszeitberaters mit dem Arbeitszeitmodell und den sich daraus ergebenden Anforderungen an die Führungskräfte (z. B. Steuerung der Zeitkonten) vertraut gemacht.

Strittig war die Frage des Zugriffs auf persönliche Zeitkonten. Früher sei es den unmittelbaren Vorgesetzten nicht möglich gewesen, diesbezügliche Informationen abzuberufen. Es sei schließlich gelungen, den Arbeitnehmervertretern zu verdeutlichen, dass es für die Steuerung des Personaleinsatzes unabdingbar sei, dass die Schichtführer auf die Zeitkontensalden zugreifen könnten.

Das flexible 7-Tage-Modell

4:1-Schichtmodell als grundlegendes Arbeitszeitmuster

Das Unternehmen entschied sich für einen nach arbeitswissenschaftlichen Empfehlungen gestalteten 4-Schichtplan, den alle in das Schichtsystem eingebundenen Mitarbeiter nach folgendem Muster durchlaufen:

Tabelle 7: Arbeitsmedizinisch günstiges, vorwärts rollierendes Schichtsystem mit kurzen Schichtrhythmen (Prinzipdarstellung)

	Mo	Di	Mi	Do	Fr	Sa	So
1. Woche Früh	Früh	Spät	Spät	Nacht	Nacht	Nacht	Nacht
2. Woche Frei	Frei	Früh	Früh	Spät	Spät	Spät	Spät
3. Woche Nacht	Nacht	Frei	Frei	Früh	Früh	Früh	Früh
4. Woche Spät	Spät	Nacht	Nacht	Nacht	Frei	Frei	Frei[28]

Beispiel 2:

Mars GmbH, Viersen, Hersteller von Süßwaren und Schokoladen mit ca. 240 Mitarbeitern/innen, Das Modell trägt die Überschrift: „Betriebszeitstufen und „Hausfrauenpool" zur Bewältigung saisonal schwankender Auftragslage".

Man versuchte, mit einem phasenweisen Wechsel zwischen Schichtsystemen mit 3 und 4 und zeitweise 5 Schichtbelegschaften den Saisonverlauf zu berücksichtigen. Immer dann, wenn mehr Betriebszeit benötigt wurde, baute man eine zusätzliche Schichtbelegschaft auf und anschließend wieder ab. Diese Verfahrensweise wirkte sich aber negativ auf die gewünschten Teamstrukturen aus, da die Belegschaften jedesmal wieder neu zusammengesetzt werden mussten. Ansonsten hätte man komplette Aushilfs-Schichtmannschaften auf- und wie-

28 A. a. O., S. 326, 327.

der abbauen müssen, was aus betriebspraktischer Sicht aber nahezu unmöglich ist.

Hinzu kam eine weit verbreitete Unzufriedenheit mit den praktizierten 4-Belegschafts-Plänen, die offenbar niemanden so richtig zusagten. Und schließlich brachte der Wechsel zwischen unterschiedlich vielen Schichtbelegschaften jedes Mal sprunghafte Kapazitätsveränderungen mit sich, die den eher allmählich, fließenden Veränderungen der Nachfragekurven nie gerecht werden konnten.

Das Modell: Flexibilisierung der Kapazität auf Grundlage von dauerhaft drei Schichtbelegschaften

Angeregt durch einen externen Arbeitszeitberater versuchte man nunmehr, einen grundlegend anderen Weg zu gehen: Es sollte bei drei Schichtbelegschaften bleiben, die zusätzlich erforderliche Kapazität würde nicht mehr durch zusätzliche Schichtbelegschaften, sondern durch vorübergehende personelle Aufstockung dieser drei Schichtbelegschaften erfolgen. Voraussetzung hierfür ist die Zusammenfassung einzelner Arbeitsplätze zu Arbeitsplatzgruppen, denen dann jeweils Mitarbeitergruppen gegenübergestellt werden:

- Entspricht die Zahl der Gruppenmitglieder derjenigen der zu besetzenden Arbeitsplätze, handelt es sich um ein „gekoppeltes“ System, in dem die Betriebszeit also unmittelbar von der Vertragsarbeitszeit (mal Anzahl der Schichtbelegschaften) vorgegeben wird.
- Liegt die Zahl der Gruppenmitglieder darüber, dann haben immer ein oder mehrere Gruppenmitglieder frei, können also Zeitguthaben abbauen oder auch Urlaub machen, ohne dass die Anlagenbesetzung hiervon beeinträchtigt wird. Dann liegt ein „entkoppeltes“ System vor – oder, genauer gesagt, ein sogenanntes Mehrfachbesetzungssystem mit Arbeitsplatzkoppelung. „Arbeitsplatzkoppelung“ beschreibt die Zusammenfassung der einzelnen Arbeitsplätze zu einer Arbeitsplatzgruppe.“[29]

Anzumerken ist, dass die Gegenüberstellung von Mitarbeiter- und Arbeitsplatzgruppen-Elementen eine abgemilderte KAPOVAZ aufweist.

---

29 A. a. O., S. 286.

II. Gleitzeit (ohne Kernzeit und ohne Struktur)

Beispiel 1:

Hewlett-Packard GmbH, Elektronik, EDV mit ca. 7000 Mitarbeitern/innen (HP Deutschland).

„Das Standard HP-Arbeitszeitmodell

Das HP-Arbeitszeitmodell gleicht einem bunten altorientalischen Mosaik. Das Spektrum der Flexibilisierungsmöglichkeiten reicht von Vollzeit-, Teilzeit-, Stundenarbeit, Permanent- und Temporärverträgen über Rufbereitschaften, Schichtmodelle, Arbeitszeit-Korridore, Job- und Desksharing, außerbetrieblichen Arbeitsstätten bis hin zu Funktionszeit, Vor- und Wahlarbeitszeit. In dem Maße, wie man versuchen würde, eindimensionale und endgültige Lösungen zu implementieren, in dem Maße würde man sich auch in seinen Handlungsmöglichkeiten und in seiner Reaktionsfähigkeit einschränken. Jede Vereinbarung betreffend Arbeitszeiten kann per se nur ein vorläufiges Ergebnis im Prozess der Optimierung von Flexibilität und Effizienz sein. Dieser Eindruck wird noch verstärkt, wenn man die arbeitszeitlichen Bestimmungen der letzten Jahrzehnte Revue passieren lässt.“[30]

Das Standard-Arbeitszeitmodell für vollzeitbeschäftigte HP-Mitarbeiter sieht eine individuelle Wochenarbeitszeit von 38 Stunden pro Woche vor. Bei einer tatsächlichen Arbeitszeit von 40 Wochenstunden werden somit 2 Stunden Vorarbeitszeit pro Woche bzw. circa 12 Tage im Jahr geleistet, die monatlich wahlweise als Geldwert (Wertausgleich) oder als Zeitgutschrift (Zeitkonto) vergütet werden. Der Vergütungsmodus kann zum Ende eines Jahres jeweils für das kommende Kalenderjahr geändert werden. Zur Zeit nutzen rund 22 Prozent der Belegschaft die 1992 eingeführte Option der regelmäßigen monatlichen Auszahlung. Die Beweggründe hierfür liegen zumeist in einer Lebensphase, in der ein erhöhtes Einkommen einer weiteren Zeitgutschrift vorgezogen wird.

Die Geschäftsleitung hat die Möglichkeit, im Sinne der Beschäftigungssicherheit für die Mitarbeiter auf rückläufige Auftragseingän-

30 A. a. O., S. 193.

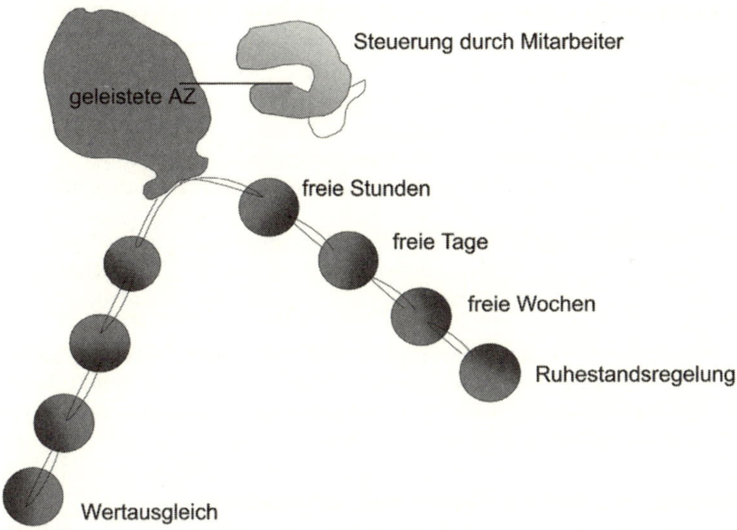

Abbildung 10: Das HP-Arbeitszeitmodell

ge mit einer befristeten Aussetzung der Vorarbeitszeit reagieren zu können. Eine derartige Maßnahme für einzelne Bereiche oder das gesamte Unternehmen würde mit dem Betriebsrat abgestimmt."[31]

Beispiel 2 („Vertauensarbeitszeit"):

Bayer Faser GmbH, Dormagen, Chemische Industrie mit ca. 900 Mitarbeitern/innen.

„Betriebsvereinbarung Flexible Vertrauens-Arbeitszeit der Tarifmitarbeiter in der Tagschicht

Ab dem 1. 1. 1999 werden alle Tagschicht-Mitarbeiter in die Flexible Vertrauens-Arbeitszeit starten. Deren Inhalt in Stichpunkten:

31 A. a. O., S. 194, 195.

Grundlagen

- Eigenverantwortliche Disposition der Arbeitszeit im Team unter Berücksichtigung persönlicher Belange auf der Grundlage gegenseitigen Vertrauens
- Betriebliche und Kunden-Interessen stehen im Mittelpunkt
- Effizienter Einsatz des zur Verfügung stehenden Gesamt-Arbeitszeitvolumens
- Eingriff der Führungskraft in die Arbeitszeitdisposition bei Verletzung vereinbarter Zeit- und Ergebnisstandards (z. B. qualifizierte Besetzung der Ansprechzeit, Terminvorgabe, Mindeststundenleistung)
- Verzicht auf Erfassung der Anwesenheit am Lesegerät sowie Selbsterfassung der Arbeitszeiten durch die Mitarbeiter

Standardarbeitszeiten, Pausen und Ansprechzeit

- Grundsätzlich Montag bis Freitag 7,5 h (37,5 h/Woche) zzgl. 1 h unbezahlter Pausenzeit für Vollzeitbeschäftigte; je nach Bedarf kann tagesbezogen von der Standardarbeitszeit und Standardpausenzeit beliebig abgewichen werden.
- Möglichkeit der planmäßigen Variation der Standardarbeitszeit bei absehbar schwankender Personalauslastung, Ausgleich innerhalb von 12 Monaten.
- Verrechnung entgeltfortzahlungspflichtiger Fehlzeiten mit der jeweiligen Standardarbeitszeit (d. h. bei Ungleichverteilung nicht mit 7,5 h).
- Arbeitszeitrahmen: Montag bis Freitag 6.00–22.00 Uhr.
- Abstimmung einer Ansprechzeit innerhalb des Arbeitszeitrahmens zwischen Team und Führungskraft.

Persönliches Zeitkonto und Ausgleich

- Keine Erfassung von Über- oder Unterschreitung der Tages-Standardarbeitszeit innerhalb eines Unschärfebereiches von +/– $^1/_2$ h.
- Darüber hinausgehende Abweichungen erfassen die Mitarbeiter in Halbstundenschritten auf einem Zeitbericht selbst.
- Mindestarbeitszeit von 3,5 h pro Tag.
- 5 ganztägige Freizeitnahmen pro Jahr.
- Bei Zeitsalden > +/– 30 h vereinbaren Mitarbeiter und Führungskraft Maßnahmen zur Rückführung des Saldos.
- Zeitsalden > + 45 h sind nur in Ausnahmefällen und bei vorab vereinbartem Zeitausgleich zulässig.
- Zeitsalden > – 45 h werden gestrichen (sogenanntes „schwarzes Loch").
- Spätestens nach 12 Monaten soll der persönliche Zeitsaldo die Nulllinie berühren und kreuzen.

Angeordnete Mehrarbeit

- Begrenzt auf Arbeit außerhalb des Arbeitszeitrahmens, nur als angeordnete Mehrarbeit.
- Ausgleich gemäß Tarifvertrag.

Unstimmigkeiten/Missbrauch

- Eine Paritätische Kommission wird bei Unstimmigkeiten aus dieser Arbeitszeitregelung und bei Missbrauch durch Mitarbeiter oder Führungskräfte die Beteiligten anhören und eine abschließende Entscheidung herbeiführen.[32]

Fazit

„Bei Themen, die die Mitarbeiter so stark berühren wie die Arbeitszeit, sollte man.... viel Geduld für den Umsetzungsprozess haben. Man sollte sich auf die möglichen Gegenargumente vorbereiten, sodass man mit diesen sachlich umgehen kann. Hätten die Mitarbeiter auch nur vage das Gefühl, dass ihnen mit der Neuregelung irgendetwas weggenommen wird, nehme die Akzeptanz sofort ab. Bei Bayer

32 A. a. O., S. 68.

Faser sei die Einführung der neuen Arbeitszeitregelung noch zusätzlich erschwert gewesen, da es zuvor zum Wegfall übertariflicher Entgeltbestandsteile gekommen war.

Man sollte sich, ..., keine Illusionen machen: ‚Es gibt kein Arbeitszeitsystem, das 100% der Mitarbeiter zu 100% zufriedenstellt. Man muss um die Arbeitszeitregelung kämpfen.' Man sieht insofern auch im Nachhinein für sein Unternehmen keine andere Möglichkeit des Vorgehens als die einer umfangreichen Information und Kommunikation."[33]

III. Jahresarbeitszeit

Beispiel 1 (Jahresarbeitszeit mit KAPOVAZ):

Universal Manufacturing & Logistics GmbH, Tonträgerproduktion mit ca. 1.400 Mitarbeitern/innen.

Für die Verteilung der jährlichen Arbeitszeit steht ein tarifvertraglicher Verteilzeitraum von 12 Monaten (bei Projektarbeiten bis zu 36 Monaten) zur Verfügung. Eine von der tariflichen Wochenarbeitszeit von 37,5 Stunden abweichende Verteilung der Arbeitszeit innerhalb dieses Zeitraums führt gemäß Rahmenbetriebsvereinbarung nicht zu Mehrarbeit. (Für Arbeitszeiten zwischen Freitag, 22.00 Uhr, und Samstag, 14.00 Uhr, wird ein Zuschlag von 40% zugrunde gelegt. Für Arbeiten zwischen Samstag, 14 Uhr, und Sonntag, 6.00 Uhr gibt es einen Zuschlag von 50%. Früher waren die Zuschläge um jeweils 10 Prozentpunkte höher. Beide Zuschläge werden auf Basis der in den Einzel-Betriebsvereinbarungen hinterlegten Schichtplänen pauschaliert und ausgezahlt.)

Persönliches Zeitkonto

Für jeden Mitarbeiter wird mit Hilfe der elektronischen Zeiterfassung ein Zeitkonto geführt, auf dem Abweichungen der tatsächlichen Tagesarbeitszeit von der Tagessoll-Arbeitszeit (z. B. 7,5 h/Tag beim Vollzeitbeschäftigten mit 5 Arbeitstagen pro Woche) verbucht werden. Auf diese Weise können Zeitguthaben oder Zeitschulden entstehen.

33 A. a. O., S. 69.

Der jährliche Verteilzeitraum beginnt jeweils am 1. 9. zur „Hochsaison", sodass die Mitarbeiter zu Beginn eines Arbeitszeitjahres regelmäßig Zeitguthaben aufbauen, die in den anschließenden Monaten schwächerer Auslastung wieder abgebaut werden können.

Zeitkontosteuerung nach dem Ampelprinzip

Das Zeitkonto ist gemäß dem Ampelprinzip in drei „Phasen" unterteilt:

GRÜN: +/– 25 Stunden
Innerhalb dieses Bereichs kann der Mitarbeiter sein Konto selbst steuern.

GELB: +/– 25 bis +/– 50 Stunden
In diesem Bereich ergreift der Mitarbeiter gemeinsam mit seinem Vorgesetzten Maßnahmen, den Zeitsaldo unter Beachtung der betrieblichen Belange in einem angemessenen Zeitraum wieder in den grünen Bereich zurückzuführen.

ROT: +/– 50 bis max. +/– 75 Stunden
Der Vorgesetzte ist aufgefordert, gemeinsam mit dem Mitarbeiter unter Beachtung der betrieblichen Belange den Zeitsaldo in einem angemessenen Zeitraum wieder ab- bzw. aufzubauen.

Überschreitungen der +/– 75-Stunden-Marke sind nur in besonders begründeten Ausnahmefällen zulässig (z. B. bei der Einführung neuer Technologien und den daraus resultierenden Anlaufproblemen). Die Zeiterfassung erfolgt arbeitsplatznah mit Hilfe einer elektronischen Kommt/Geht-Erfassung.[34]

Langzeitkonto

„Zusätzlich zum Ampelkonto wird ein gesondertes Langzeitkonto geführt. Am Ende des Verteilzeitraumes auf dem Ampelkonto vorhandene Guthaben werden mit einem Zeitzuschlag in Höhe von 25% auf das Langzeitkonto übertragen. Zeitschulden werden bis zum Umfang von 37,5 Stunden auf den nächsten Verteilzeitraum übertragen; darüber hinausgehende Zeitschulden verfallen. Sofern die Auftragslage es erlaubt, kann der Mitarbeiter Stunden auf dem Langzeitkonto

34 A. a. O., S. 390, 391.

durch Freizeitnahme abbauen. Dies muss aber grundsätzlich binnen eines Jahres nach Beendigung des Verteilzeitraumes geschehen.“[35]

Gruppenarbeit und produktivitätsbezogene Teamprämie

„Im Zusammenhang mit der Neugestaltung von Arbeitszeitregelung sollte auch eine stärkere Steuerung des Produktionsprozesses durch die jeweiligen ‚Zellen‘ erfolgen. Die Gruppe steuert ihre Arbeitszeiten unter Berücksichtigung der Auftragslage weitgehend autonom, indem sie ihre Einsatzzeiten auf der Grundlage eingehender Aufträge mit einem Vorlauf von in der Regel 3 Tagen plant. Diese Frist wird von den Mitarbeitern als akzeptabel empfunden.“[36]

Beispiel 2 (Jahresarbeitszeit und KAPOVAZ):

SUET Saat- und Erntetechnik GmbH, Eschwege mit ca. 160 Mitarbeitern/innen.

Ausgangslage: Erste Schritte in Richtung Jahresarbeitszeit waren getan

Die Ausgangslage bei Suet vor 1995 – dem Umsetzungsjahr des neuen Modells – war interessanterweise dadurch gekennzeichnet, dass zu Beginn der Modellüberlegungen bereits eine Jahres-Arbeitszeitplanung und auch ein Zeitkonto existierten: Als praktikabel erwiesen hatte sich die Aufteilung in ein „Winterhalbjahr“ (1. November bis 31. Mai) und ein „Sommerhalbjahr“, die sich durch unterschiedliche Wochenarbeitszeitdauern unterschieden.

Das ganze System war aber sehr unübersichtlich. Dies hatte unter anderem den Grund, dass keinerlei schriftlich formulierte betriebliche Regelung existierte, sondern alles in Einzelverträgen mit Mitarbeitern geregelt war. Außerdem war der Jahres-Ausleichszeitraum für die persönlichen Zeitkonten – 1. April bis 31. März, beginnend also mit der Saison der Suet-Kunden – so gewählt, dass diese Zeitkonten während längerer Phasen des Jahres regelmäßig im Minus standen, was den Mitarbeitern – und das gilt nicht nur für Suet, sondern ist allgemeiner Erfahrungssatz – ausgesprochen unangenehm war. Denn die Saison der Kunden ist nun einmal nicht die von Suet selbst – war aber

35 A. a. O., S. 391.
36 A. a. O., S. 392.

offensichtlich lange als selbstverständliches Orientierungsmuster akzeptiert worden. Ein weiteres Problem: Die Entgeltfortzahlung im Krankheitsfalle richtete sich nach der jeweiligen Arbeitszeit, hier gab es also erhebliche Schwankungen.

Hinzu kommt, dass – Dienstleister-typisch – neben den planbaren saisonalen Schwankungen auch kurzfristige Einflüsse eine zunehmend wichtige Rolle spielen: Beispielsweise hat man dieses Jahr erstmals auch Raps-Saatgut kurzfristig in die Bearbeitung genommen, um einen Kundenwunsch zu erfüllen und gleichzeitig das Sortiment zu verbreitern – mit der Folge, dass die Jahres-Arbeitszeitplanung für einige Wochen „über den Haufen" geworfen werden musste.

Und schließlich zeigt sich eine längerfristige Tendenz zu einem asymmetrischen Jahr: 5 Monate Saison (November bis einschließlich März; zukünftig wohl noch bis einschließlich Februar) steht eine entsprechend längere Flautephase gegenüber. Anders gesagt: Die Kunden lassen Suet immer weniger Bearbeitungszeit. Schon heute sind einzelne Mitarbeiter in der Flautephase bis zu 16 Wochen am Stück (!) zuhause, indem sie Urlaub mit Freizeitblöcken kombinieren – wobei die Freizeit in der Saison wieder hereingearbeitet werden muss.

Das neue Arbeitszeitmodell

Eine einfache Umstellung – nämlich die Verlegung des Arbeitszeit-Ausgleichszeitraums auf das Kalenderjahr – brachte bereits wesentliche Erleichterung: Grundprinzip sollte immer sein, dass der Ausgleichszeitraum vor dem höchsten „Gipfel" beginnt und in einem „Tal" endet, damit es nicht zu unnötigen Zeitschulden kommt. Denn Zeitschulden belasten Mitarbeiter erfahrungsgemäß weitaus stärker als hohe Plussalden, und auch aus Arbeitgebersicht stellen sie ein Manko dar, da man befürchtet, sie bei Ausscheiden des Mitarbeiters nicht mehr ausgleichen zu können.

Zusätzlich verstetigte man die Entgeltfortzahlung unabhängig von der gerade aktuellen Saisonphase und – vielleicht insgesamt der wichtigste Punkt – brachte das ganze Modell in eine leicht verständliche schriftliche Form. Größtmögliche Einfachheit und Transparenz sind ihrerseits Voraussetzungen dafür, dass auch betrieblich erforderliche kurzfristige Flexibilität der Arbeitszeit von den Mitarbeitern akzeptiert wird. Anders ausgedrückt: Versteht schon kaum jemand das Grundmodell, wird es umso schwieriger, Mitarbeitern erforderliche Abweichungen von diesem Grundmodelle zu erklären. Ein weiterer, zunehmend wichtiger Aspekt: Nur ein verständliches und übersichtliches Arbeitszeitmodell kann „leben" in dem Sinne, dass es fortlaufend und ohne großes Getöse durch die Praxis weiterentwickelt wird.

„Jahresarbeitszeit: 1820 Std.

Sollarbeitszeit: Montag bis Freitag je 7 Std. (wöchentl. Arbeitszeit 35 Std.)

Das Zeitjahr wird auf den 1. 1.–31. 12. des Folgejahres festgelegt (Ausleichszeitraum):

Die Arbeitszeit soll im Winter auf Montag – Samstag mit je 9 Std. festgelegt werden. Die regelmäßige Arbeitszeit endet am Samstag mit der Frühschicht, spätestens um 15.30 Uhr. Überstunden werden grundsätzlich im Winter wie im Sommer erst ab der 46. Std. mit 25% Zeitzuschlag gutgeschrieben.

Am Ende eines Zeitjahres soll mit den übrigen Stunden wie folgt verfahren werden:

Saldo unter 0 Std. = Übernahme ins nächste Arbeitszeitjahr

1. 10.–31. 12.

Saldo 0–52 Std. = Auszahlung 1:1 (dieses Zeitguthaben ergibt sich aus einer evtl. Rückkehr zur 36. Woche, je nach Option des Geschäftsvolumens; dies ergibt 52 Std. Guthaben.)

Saldo über 52 Std. = Auszahlung der Stunden + 25% Zuschlag

Im Sommer wird die verkürzte Arbeitszeit in der Form festgelegt, dass evtl. eine rollierende Schichtarbeit in einzelnen Abteilungen eingeführt werden kann."[37]

37 A. a. O., S. 384, 385.

IV. Selbstbestimmte (autonome) Arbeitszeitgestaltung

Beispiel 1:

Condat GmbH, Berlin, Datenverarbeitung mit 143 Mitarbeitern/innen.

Eigenverantwortliche Arbeits(zeit)gestaltung)

„Aus der Unternehmenshistorie heraus wird bei Condat bereits seit 1979 das Modell der individuellen Arbeitszeitsouveränität praktiziert. Jeder Mitarbeiter kann quasi jederzeit im Unternehmen arbeiten. Täglicher Arbeitsbeginn, Pausen und Arbeitsende sind jedem selbst überlassen. „Einschränkungen“ ergeben sich durch die Einbindung in die Projekte, auf die die Arbeitszeiten selbstverständlich abzustimmen sind. Darüber hinaus muss das Sekretariat wissen, ob und wo der Mitarbeiter an den Tagen Montag bis Freitag jeweils zwischen 9.00 Uhr und 16.00 Uhr erreichbar ist. Die Anwesenheitszeiten werden nicht erfasst. Jeder Mitarbeiter führt stattdessen einen sogenannten Arbeitszeitbogen, auf dem die eingesetzte Arbeitszeit den einzelnen Projekten – auch zur Abrechnung gegenüber dem Kunden – zugeordnet wird.“[38]

Arbeitszeitreduzierung auf bis zu 30 Stunden

„Alle Mitarbeiter haben das Recht, ihre Wochenarbeitszeit mit drei Monaten Ankündigung für bis zu 18 Monate auf bis zu 30 Wochenstunden zu reduzieren. Die Mitarbeiter haben in der Regel 40-Stunden-Verträge (Einstellungen unterhalb von 40 Stunden sind allerdings auch möglich). und können demzufolge innerhalb der Bandbreite von 30 bis 40 Stunden jede Arbeitszeit wählen. Auch der Mitarbeiter mit einem 30-Stunden-Vertrag wird weiterhin als vollzeitbeschäftigt angesehen.“[39]

Option Langzeiturlaub

„Alle Mitarbeiter können durch vorübergehenden Gehaltsverzicht Langzeiturlaube bis zu 6 Monaten Dauer ansparen, deren Lage 6 Monate vor Beginn einvernehmlich festgelegt werden soll.

38 A. a. O., S. 98.
39 A. a. O., S. 99.

Ankündigungsfrist

Diese ist vorgesehen, um den Aspekt der Planbarkeit und Organisation der Abwesenheit eines Mitarbeiters Rechnung zu tragen. Und obwohl der Langzeiturlaub nicht unmittelbar im Anschluss an die Ansparphase genommen werden muss, erwartet das Unternehmen, dass der Mitarbeiter bei der Ankündigung der Arbeitszeitreduzierung zumindestens eine erste Orientierung über die Lage der Freizeitphase gibt. Bezüglich der späteren Realisierbarkeit ist es geradezu seine Verantwortung. Erkrankt der Mitarbeiter während des Langzeiturlaubs, wird die Freizeitphase unterbrochen und der Urlaub nachgewährt.

Überstundenübertrag

Auf Antrag eines Mitarbeiters mit Langzeiturlaubskonto können Überstunden in dieses gestellt werden. Grundsätzlich gelten alle über die Vertrauensarbeitszeit hinaus geleisteten Zeiten als Überstunden. Allerdings ist es zunächst ohne Bedeutung, wenn der Mitarbeiter in einem Monat – und seien es auch 40 Stunden – mehr arbeitet. Der Projektverantwortliche muss für den Zeitausgleich sorgen, bei manchen Mitarbeitern im Übrigen auch zum Schutz vor sich selbst."[40]

Fazit

„Klare Erfahrung bei Condat ist, dass sich solche Regelungen nicht durchsetzen können, wenn sie von den Führungskräften nicht vorgelebt werden. Condat ist in der glücklichen Lage, einen Geschäftsführer zu haben, der zum Beispiel ganz aktuell das Projekt Zuhausearbeit verfolgt und schon heute vorlebt, dass man nicht jeden Tag im Unternehmen sein muss. Modelle, die die Eigenverantwortung fördern, setzen viel Fähigkeit zum Delegieren sowie Vertrauen und Wertschätzung der Mitarbeiter voraus. Betrachtet man die Mitarbeiter hingegen als potenzielle Betrüger, sollte man lieber keine offene Regelung gestalten. Es sei schwer, Führungskräfte zu finden, die die hierfür notwendige Kultur in sich tragen. Wenn Condat Führungskräfte sucht, gebe es in aller Regel Probleme mit aus großen Konzernen kommen-

40 A. a. O., S. 99, 100.

den Bewerbern, sodass Condat versucht, Führungskräfte langfristig aus den eigenen Reihen zu rekrutieren und hierfür auszubilden.[41]

Beispiel 2:

Lufthansa System Berlin GmbH, Berlin, Datenverarbeitung mit ca. 111 Mitarbeitern/innen.

„Wir haben es schnell gemerkt, dass diese Regelung Quatsch ist, weil eben in einem Monat viel und in einem anderen wenig zu tun ist, und sind zur sogenannten „Quartalsarbeitszeit“ übergegangen. Die Abrechnung erfolgte nunmehr am Ende jeden Vierteljahres.“ Nach ca. ein- bis zweijähriger Anwendung der „Quartalsarbeitszeit“ hatte das Unternehmen ... jedoch im Prinzip wieder die gleichen negativen Erfahrungen gemacht: „Die Abrechnung zu Stichtagen bringt gar nichts. der Mitarbeiter verliert Stunden, und der Firma hilft diese Abrechnung auch nicht weiter, weil die Leute bezahlt rumsitzen, wenn keine Aufträge vorliegen. Wir haben Mitarbeiter, die sich stur an die starre Arbeitszeitvorgabe gehalten haben und nicht nach Hause gegangen sind – wie es wünschenswert gewesen wäre.“

- Aus dem Mitarbeiterkreis – insbesondere auch seitens der damaligen Betriebsratsmitglieder – wurde mehrfach der Wunsch geäußert, sich einmal für längere Zeit aus dem Firmenleben „ausklinken“ zu können.
- Die ausgeprägte Individualität der Softwareentwickler mit sehr unterschiedlichen Leistungskurven und das starre Zeitkorsett passten nicht länger zusammen.
- Schließlich wussten die Verantwortlichen – auch aus Einschätzung der eigenen Bedürfnisse –, dass Mitarbeiter ihre Arbeit gern einmal unterbrechen – beispielsweise zum Einkaufen, um nicht alles auf den Samstag schieben zu müssen.

Rolle des Betriebsrates

Mit der neuen Arbeitszeit-Betriebsvereinbarung, die gemeinsam mit dem Betriebsrat gestaltet wurde, sollte die langfristig nicht vorhersehbar schwankende Auslastung aufgefangen und außerdem den Mitarbeitern ein vorübergehender Ausstieg aus dem Erwerbsleben ermöglicht werden... [Das Unternehmen] berichtet in diesem Zusammen-

41 A.a.O., S. 101.

hang, dass mit dem Betriebsrat seit dessen Bildung wohl aus zwei Gründen sehr gut zusammengearbeitet werde:

1. Der Betriebsrat sei nicht aus einem Konflikt heraus entstanden, sondern habe sich allmählich gebildet: Im Zuge des sukzessiven Wachstums der 1985 mit fünf Mitarbeitern gestarteten LSB wurde eine Arbeitsgruppe „Kommunikation“ zur Förderung der Kontakte zwischen Geschäftsleitung und Mitarbeitern gebildet, aus der im Laufe der Zeit der Betriebsrat hervorging.
2. Es gibt keine zu 100% freigestellten Betriebsräte. Alle Mitglieder des Gremiums sind weiterhin in ihre Projekte eingebunden, wodurch ihnen Projektumfeld und der seitens der Kunden ausgeübte Termindruck bekannt seien. Die persönliche Einbindung in Arbeitsabläufe und direkte „Betroffenheit“ von Marktgegebenheiten bedingten ein anderes Verständnis beispielsweise für die Notwendigkeit von Überstunden.

„Zwischen Unternehmen und Betriebsrat hat es nie schwere Auseinandersetzungen gegeben. Wenn einigungsbedürftige Themen anstehen, setzen wir uns zusammen und reden darüber; so geschehen auch bei der Weiterentwicklung der Arbeitszeitregelung“,... Eine kleine Arbeitsgruppe – bestehend aus drei Mitarbeitern des Betriebsrates sowie dem damaligen Geschäftsführer – hat sich regelmäßig über den Zeitraum eines Vierteljahres getroffen. Die Arbeitsgruppe entwickelte aus der schlechten Erfahrung mit Abrechnungsstichtagen die Idee, die Sollarbeitszeit nunmehr auf ein Jahr zu beziehen, die Ableistung von Überstunden damit möglichst zu vermeiden sowie durch Urlaubsübertragung Ansparmöglichkeiten für längere Freizeitphasen zu schaffen. Einen automatischen Verfall von Zeit – egal ob Mehrstunden oder Urlaub – sollte es nicht mehr geben.

Diese Lösungsvorschläge wurden allen Mitarbeitern auf einem Meeting vorgestellt – und sofort umgesetzt, da der Stimmung auf dieser Veranstaltung entnommen werden konnte, dass die neue Regelung den Bedürfnissen der Mitarbeiter entgegenkam.

Die Arbeitszeit-Varianten – Auszug aus der Regelung

Regel-Jahresarbeitszeit

Die in Stunden angegebene Regel-Jahresarbeitszeit [= Regel-Wochenarbeitszeit (38,5 Stunden): 5 Tage × Arbeitstage (Montag-Freitag)/Jahr – Regeljahresurlaub (30 Tage)], auf die sich das in den Arbeitsverträgen festgelegte Gehalt bezieht, dient als Berechnungsgrundlage für alle Arbeitszeit-Varianten.

Arbeitszeit-Varianten

Die Mitarbeiter haben die Möglichkeit, ihre vertragliche Wochenarbeitszeit sowie die Urlaubsdauer jährlich zu wählen. Auf Basis der gewählten Wochenarbeitszeit sowie des gewählten Jahresurlaubs errechnet sich die gewählte Jahresarbeitszeit des Mitarbeiters: gewählte Wochenarbeitszeit: 5 Tage × Arbeitstage/Jahr – gewählter Jahresurlaub. Es gelten folgende „Spielregeln“ für beide Optionen gleichermaßen:

> Nur die am 31. 8. ungekündigt beschäftigten Mitarbeiter, die keinen eine besondere individuelle Arbeitszeit festlegenden Arbeitsvertrag (für Arbeitszeiten < 30 h) haben, können von den Optionen Gebrauch machen.
>
> Die Wahl der Wochenarbeitszeit sowie des Urlaubs stellt grundsätzlich einen Anspruch des Mitarbeiters gegenüber dem Unternehmen dar, mit Ausnahme der Unterschreitung der betrieblichen Mindestarbeitszeit.[42]

Überstunden

„Bei der Entwicklung der Arbeitszeitregelung erwies sich dieses Thema aufgrund der vorgesehenen Einzelfallentscheidung (s. u.) als *das* Problemthema in den Diskussionen mit dem Betriebsrat.

Der Regelungstext besagt heute: „Bei LSB sollen keine Überstunden geleistet werden.“ Der auf ein Jahr verlängerte Ausgleichszeitraum sowie die auf 50% reduzierte Mindestanwesenheitspflicht pro Tag sollten dazu beitragen, vorübergehende Mehrbelastungen in Zeiten geringeren Arbeitsanfalls auszugleichen. Mitarbeiter und Personalverantwortlicher sind angehalten, die Arbeitszeit so zu planen, dass

---

42 A. a. O., S. 276, 277.

am Jahresende keine Überstunden vorhanden sind. Ein weiterer Anreiz in Richtung bedarfsgerechtes Arbeitszeitverhalten sollte mit der Regelung „eventuell vorhandene Mehrstunden verfallen am Ende des Kalenderjahres" gesetzt werden.

Da Überstunden gemäß Arbeitsvertrag mit dem Gehalt abgegolten sind, galt als einzige Ausnahmeregelung, dass in *Einzelfällen* ein Übertrag ins Folgejahr von der Geschäftsführung nach Information des Betriebsrates genehmigt werden kann. Am Jahresende wurde also das Arbeitszeitvolumen jedes einzelnen Mitarbeiters geprüft und über Verfall oder Vergütung gegebenenfalls über die Jahresarbeitszeit hinaus geleisteter Stunden – je nach Engagement und Gehaltsgruppe – bezahlt. Der Betriebsrat war mit dieser Überstundenregelung jedoch nicht einverstanden und strebte statt dessen immer wieder ein formalisiertes Verfahren für den Umgang mit zum Jahresende nicht abbaubaren Überstunden an. Aus diesem Grund und, weil die Einzelfallentscheidung ein unendliches „Gezerre" und „Gezocke" darstellten, für das Management mit viel Aufwand verbunden waren und am Ende doch niemanden befriedigte, wurde vor zwei Jahren eine neue Mehrarbeitsvereinbarung getroffen: Die Überstunden werden am Jahresende abgerechnet, wobei die Mitarbeiter drei Einkommensgruppen zugeordnet sind, die jährlich an die Gehaltssteigerung angepasst werden:

Gruppe	Jahreseinkommen	Regelung
1	bis DM 88.925	bis 30 h Kappung, > 30 h Bezahlung
2	bis DM 120.310	Einzelfallentscheidung
3	> DM 120.310	keine Vergütung, mit Gehalt abgegolten

Die in der ersten Gruppe vorgesehene Kappung bis 30 Mehrstunden hält das Unternehmen für gerechtfertigt. „Diese Mehrleistung, weniger als eine Stunde pro Woche, kann im Rahmen des üblichen Engagements erwartet werden", … Mitarbeiter der ersten und zweiten Einkommensgruppe, deren Mehrleistung am Jahresende akzeptiert wird, können zwischen der – im Übrigen zuschlagsfreien – Bezahlung dieser Stunden in Abhängigkeit vom Einkommen oder dem Übertrag auf das Urlaubsstundenkonto wählen."[43]

43 A. a. O., S. 281.

Anhang

I. Arbeitszeitgesetz (ArbZG)
Artikel 1 des ArbZRG

Erster Abschnitt
Allgemeine Vorschriften

§ 1
Zweck des Gesetzes

Zweck des Gesetzes ist es,

1. die Sicherheit und den Gesundheitsschutz der Arbeitnehmer bei der Arbeitszeitgestaltung zu gewährleisten und die Rahmenbedingungen für flexible Arbeitszeiten zu verbessern sowie
2. den Sonntag und die staatlich anerkannten Feiertage als Tage der Arbeitsruhe und der seelischen Erhebung der Arbeitnehmer zu schützen.

§ 2
Begriffsbestimmungen

(1) Arbeitszeit im Sinne dieses Gesetzes ist die Zeit vom Beginn bis zum Ende der Arbeit ohne Ruhepausen; Arbeitszeiten bei mehreren Arbeitgebern sind zusammenzurechnen. Im Bergbau unter Tage zählen die Ruhepausen zur Arbeitszeit.

(2) Arbeitnehmer im Sinne dieses Gesetzes sind Arbeiter und Angestellte sowie die zu ihrer Berufsbildung Beschäftigten.

(3) Nachtzeit im Sinne dieses Gesetzes ist die Zeit von 23 bis 6 Uhr.

(4) Nachtarbeit im Sinne dieses Gesetzes ist jede Arbeit, die mehr als zwei Stunden der Nachtzeit umfasst.

(5) Nachtarbeitnehmer im Sinne dieses Gesetzes sind Arbeitnehmer, die

1. auf Grund ihrer Arbeitszeitgestaltung normalerweise Nachtarbeit in Wechselschicht zu leisten haben oder
2. Nachtarbeit an mindestens 48 Tagen im Kalenderjahr leisten.

Zweiter Abschnitt
Werktägliche Arbeitszeit und arbeitsfreie Zeiten

§ 3
Arbeitszeit der Arbeitnehmer

Die werktägliche Arbeitszeit der Arbeitnehmer darf 8 Stunden nicht überschreiten. Sie kann auf bis zu 10 Stunden nur verlängert werden, wenn innerhalb von sechs Kalendermonaten oder innerhalb von 24 Wochen im Durchschnitt acht Stunden werktäglich nicht überschritten werden.

§ 4
Ruhepausen

Die Arbeit ist durch im Voraus feststehende Ruhepausen von mindestens 30 Minuten bei einer Arbeitszeit von mehr als sechs Stunden insgesamt zu unterbrechen. Die Ruhepausen nach Satz 1 können in Zeitabschnitten von jeweils 15 Minuten aufgeteilt werden. Länger als sechs Stunden hintereinander dürfen Arbeitnehmer nicht ohne Ruhepause beschäftigt werden.

§ 5
Ruhezeiten

(1) Die Arbeitnehmer müssen nach Beendigung der täglichen Arbeitszeit eine ununterbrochene Ruhezeit von mindestens elf Stunden haben.

(2) Die Dauer der Ruhezeit des Absatzes 1 kann in Krankenhäusern und anderen Einrichtungen zur Behandlung, Pflege und Betreuung von Personen, in Gaststätten und anderen Einrichtungen zur Bewirtung und Beherbergung, in Verkehrsbetrieben, beim Rundfunk sowie in der Landwirtschaft und in der Tierhaltung um bis zu eine Stunde verkürzt werden, wenn jede Verkürzung der Ruhezeit innerhalb eines Kalendermonats oder innerhalb von vier Wochen durch Verlängerung einer anderen Ruhezeit auf mindestens zwölf Stunden ausgeglichen wird.

(3) Abweichend von Absatz 1 können in Krankenhäusern und anderen Einrichtungen zur Behandlung, Pflege und Betreuung von Personen Kürzungen der Ruhezeit durch Inanspruchnahmen während des Bereitschaftsdienstes oder der Rufbereitschaft, die nicht mehr als die Hälfte der Ruhezeit betragen, zu anderen Zeiten ausgeglichen werden.

(4) Soweit Vorschriften der Europäischen Gemeinschaften für Kraftfahrer und Beifahrer geringere Mindestruhezeiten zulassen, gelten abweichend von Absatz 1 diese Vorschriften.

§ 6
Nacht- und Schichtarbeit

(1) Die Arbeitszeit der Nacht- und Schichtarbeitnehmer ist nach den gesicherten arbeitswissenschaftlichen Erkenntnissen über die menschengerechte Gestaltung der Arbeit festzulegen.

(2) Die werktägliche Arbeitszeit der Nachtarbeitnehmer darf acht Stunden nicht überschreiten. Sie kann auf bis zu zehn Stunden nur verlängert werden, wenn abweichend von § 3 innerhalb von einem Kalendermonat oder innerhalb von vier Wochen im Durchschnitt acht Stunden werktäglich nicht überschritten werden. Für Zeiträume, in denen Nachtarbeitnehmer im Sinne des § 2 Abs. 5 Nr. 2 nicht zur Nachtarbeit herangezogen werden, findet § 3 Satz 2 Anwendung.

(3) Nachtarbeitnehmer sind berechtigt, sich vor Beginn der Beschäftigung und danach in regelmäßigen Zeitabständen von nicht weniger als drei Jahren arbeitsmedizinisch untersuchen zu lassen. Nach Vollendung des 50. Lebensjahres steht Nachtarbeitnehmern dieses Recht in Zeitabständen von einem Jahr zu. Die Kosten der Untersuchungen hat der Arbeitgeber zu tragen, sofern er die Untersuchungen den Nachtarbeitnehmern nicht kostenlos durch einen Betriebsarzt oder einen überbetrieblichen Dienst von Betriebsärzten anbietet.

(4) Der Arbeitgeber hat den Nachtarbeitnehmer auf dessen Verlangen auf einen für ihn geeigneten Tagesarbeitsplatz umzusetzen, wenn

a) nach arbeitsmedizinischer Feststellung die weitere Verrichtung von Nachtarbeit den Arbeitnehmer in seiner Gesundheit gefährdet oder
b) im Haushalt des Arbeitnehmers ein Kind unter zwölf Jahren lebt, das nicht von einer anderen im Haushalt lebenden Person betreut werden kann,
c) der Arbeitnehmer einen schwerpflegebedürftigen Angehörigen zu versorgen hat, der nicht von einem anderen im Haushalt lebenden Angehörigen versorgt werden kann,

sofern dem nicht dringende betriebliche Erfordernisse entgegenstehen. Stehen der Umsetzung des Nachtarbeitnehmers auf einen für ich geeigneten Tagesarbeitsplatz nach Auffassung des Arbeitgebers dringende betriebliche Erfordernisse entgegen, so ist der Betriebs- oder Personalrat zu hören. Der Betriebs- oder Personalrat kann dem Arbeitgeber Vorschläge für eine Umsetzung unterbreiten.

(6) Soweit keine tarifvertraglichen Ausgleichsregelungen bestehen, hat der Arbeitgeber dem Nachtarbeiter für die während der Nachtzeit geleisteten Arbeitsstunden eine angemessene Zahl bezahlter freier Tage oder einen angemessenen Zuschlag auf das ihm hierfür zustehende Bruttoarbeitsentgelt zu gewähren.

§ 7
Abweichende Regelungen

(1) In einem Tarifvertrag oder auf Grund eines Tarifvertrages in einer Betriebsvereinbarung kann zu gelassen werden,

1. abweichend von § 3
   a) die Arbeitszeit über zehn Stunden werktäglich auch ohne Ausgleich zu verlängern, wenn in die Arbeitszeit regelmäßig und in erheblichem Umfang Arbeitsbereitschaft fällt,
   b) einen anderen Ausgleichszeitraum festzulegen,
   c) ohne Ausgleich die Arbeitszeit auf bis zu zehn Stunden werktäglich an höchstens 60 Tagen im Jahr zu verlängern,
2. abweichend von § 4 Satz 2 die Gesamtdauer der Ruhepausen in Schichtbetrieben und Verkehrsbetrieben auf Kurzpausen von angemessener Dauer aufzuteilen,
3. abweichend von § 5 Abs. 1 die Ruhezeit um bis zu zwei Stunden zu kürzen, wenn die Art der Arbeit dies erfordert und die Kürzung der Ruhezeit innerhalb eines festzulegenden Ausgleichszeitraums ausgeglichen wird;
4. abweichend von § 6 Abs. 2
   a) die Arbeitszeit über zehn Stunden werktäglich hinaus auch ohne Ausgleich zu verlängern, wenn in die Arbeitszeit regelmäßig und in erheblichem Umfang Arbeitsbereitschaft fällt,
   b) einen anderen Ausgleichszeitraum festzulegen.
5. den Beginn des siebenstündigen Nachtzeitraums des § 2 Abs. 3 auf die Zeit zwischen 22 und 24 Uhr festzulegen.

(2) Sofern der Gesundheitsschutz der Arbeitnehmer durch einen entsprechenden Zeitausgleich gewährleistet wird, kann in einem Tarifvertrag oder auf Grund eines Tarifvertrages in einer Betriebsvereinbarung ferner zugelassen werden,

1. abweichend von § 5 Abs. 1 die Ruhezeiten bei Bereitschaftsdienst und Rufbereitschaft den Besonderheiten dieser Dienste anzupassen, insbesondere Kürzungen der Ruhezeit infolge von Inanspruchnahmen während dieser Dienste zu anderen Zeiten auszugleichen,
2. die Regelungen der §§ 3, 5 Abs. 1 und § 6 Abs. 2 in der Landwirtschaft der Bestellungs- und Erntezeit sowie den Witterungseinflüssen anzupassen,
3. die Regelungen der §§ 3, 4, 5 Abs. 1 und § 6 Abs. 2 bei der Behandlung, Pflege und Betreuung von Personen der Eigenart dieser Tätigkeit und dem Wohl dieser Personen entsprechend anzupassen,
4. die Regelungen der §§ 3, 4, 5 Abs. 1 und § 6 Abs. 2 bei Verwaltungen und Betrieben des Bundes und der Länder, der Gemeinden und sonstigen Kör-

perschaften, Anstalten und Stiftungen des öffentlichen Rechts sowie bei anderen Arbeitgebern, die der Tarifbindung eines für den öffentlichen Dienst geltenden oder eines im Wesentlichen inhaltsgleichen Tarifvertrages unterliegen, der Eigenart der Tätigkeit bei diesen Stellen anzupassen.

(3) Im Geltungsbereich eines Tarifvertrages nach Absatz 1 oder 2 können abweichende tarifvertragliche Regelungen im Betrieb eines nicht tarifgebundenen Arbeitgebers durch Betriebsvereinbarung oder, wenn ein Betriebsrat nicht besteht, durch schriftliche Vereinbarung zwischen dem Arbeitgeber und dem Arbeitnehmer übernommen werden. Können auf Grund eines solchen Tarifvertrages abweichende Regelungen in einer Betriebsvereinbarung getroffen werden, kann auch in Betrieben eines nicht tarifgebundenen Arbeitgebers davon Gebrauch gemacht werden. Eine nach Absatz 2 Nr. 4 getroffene abweichende tarifvertragliche Regelung hat zwischen nicht tarifgebundenen Arbeitgebern und Arbeitnehmern Geltung, wenn zwischen ihnen die Anwendung der für den öffentlichen Dienst geltenden tarifvertraglichen Bestimmungen vereinbart ist und die Arbeitgeber die Kosten des Betriebs überwiegend mit Zuwendungen im Sinne des Haushaltsrechts decken.

(4) Die Kirchen und die öffentlich-rechtlichen Religionsgemeinschaften können die in Absatz 1 oder 2 genannten Abweichungen in ihren Regelungen vorsehen.

(5) In einem Bereich, in dem Regelungen durch Tarifvertrag üblicherweise nicht getroffen werden, können Ausnahmen im Rahmen des Absatzes 1 oder 2 durch die Aufsichtsbehörde bewilligt werden, wenn dies aus betrieblichen Gründen erforderlich ist und die Gesundheit der Arbeitnehmer nicht gefährdet wird.

(6) Die Bundesregierung kann durch Rechtsverordnung mit Zustimmung des Bundesrates Ausnahmen im Rahmen des Absatzes 1 oder 2 zulassen, sofern dies aus betrieblichen Gründen erforderlich ist und die Gesundheit der Arbeitnehmer nicht gefährdet wird.

§ 8
Gefährliche Arbeiten

Die Bundesregierung kann durch Rechtsverordnung mit Zustimmung des Bundesrates für einzelne Beschäftigungsbereiche, für bestimmte Arbeiten oder für bestimmte Arbeitnehmergruppen, bei denen besondere Gefahren für die Gesundheit der Arbeitnehmer zu erwarten sind, die Arbeitszeit über § 3 hinaus beschränken, die Ruhepausen und Ruhezeiten über die §§ 4 und 5 hinaus ausdehnen, die Regelungen zum Schutz der Nacht- und Schichtarbeitnehmer in § 6 erweitern und die Abweichungsmöglichkeiten nach § 7 beschränken, soweit dies zum Schutz der Gesundheit der Arbeitnehmer erforderlich ist. Satz 1 gilt nicht für Beschäftigungsbereiche und Arbeiten in Betrieben, die der Bergaufsicht unterliegen.

Dritter Abschnitt
Sonn- und Feiertagsruhe

§ 9
Sonn- und Feiertagsruhe

(1) Arbeitnehmer dürfen an Sonn- und gesetzlichen Feiertagen von 0 bis 24 Uhr nicht beschäftigt werden.

(2) In mehrschichtigen Betrieben mit regelmäßiger Tag- und Nachtschicht kann Beginn oder Ende der Sonn- und Feiertagsruhe um bis zu sechs Stunden vor- oder zurückverlegt werden, wenn für die auf den Beginn der Ruhezeit folgenden 24 Stunden der Betrieb ruht.

(3) Für Kraftfahrer und Beifahrer kann der Beginn der 24-stündigen Sonn- und Feiertagsruhe um bis zu zwei Stunden vorverlegt werden.

§ 10
Sonn- und Feiertagsbeschäftigung

(1) Sofern die Arbeiten nicht an Werktagen vorgenommen werden können, dürfen Arbeitnehmer an Sonn- und Feiertagen abweichend von § 9 beschäftigt werden

1. in Not- und Rettungsdiensten sowie bei der Feuerwehr,
2. zur Aufrechterhaltung der öffentlichen Sicherheit und Ordnung sowie der Funktionsfähigkeit von Gerichten und Behörden und für Zwecke der Verteidigung,
3. in Krankenhäusern und anderen Einrichtungen zur Behandlung, Pflege und Betreuung von Personen,
4. in Gaststätten und anderen Einrichtungen zur Bewirtung und Beherbergung sowie im Haushalt,
5. bei Musikaufführungen, Theatervorstellungen, Filmvorführungen, Schaustellungen, Darbietungen und anderen ähnlichen Veranstaltungen,
6. bei nichtgewerblichen Aktionen und Veranstaltungen der Kirchen, Religionsgemeinschaften, Verbände, Vereine, Parteien und anderer ähnlicher Vereinigungen,
7. beim Sport und in Freizeit-, Erholungs- und Vergnügungseinrichtungen, beim Fremdenverkehr sowie in Museen und wissenschaftlichen Präsenzbibliotheken,

8. beim Rundfunk, bei der Tages- und Sportpresse, bei Nachrichtenagenturen sowie bei den der Tagesaktualität dienenden Tätigkeiten für andere Presseerzeugnisse einschließlich des Austragens, bei der Herstellung von Satz, Filmen und Druckformen für tagesaktuelle Nachrichten und Bilder, bei tagesaktuellen Aufnahmen auf Ton- und Bildträger sowie beim Transport und Kommissionieren von Presseerzeugnissen, deren Erscheinungstag am Montag oder am Tag nach einem Feiertag liegt.
9. bei Messen, Ausstellungen und Märkten im Sinne des Titels IV der Gewerbeordnung sowie bei Volksfesten,
10. in den Verkehrsbetrieben sowie beim Transport und Kommissionieren von leichtverderblichen Waren im Sinne des § 30 Abs. 3 Nr. 2 der Straßenverkehrsordnung,
11. in den Energie- und Wasserversorgungsbetrieben sowie in Abfall- und Abwasserentsorgungsbetrieben,
12. in der Landwirtschaft und in der Tierhaltung sowie Einrichtungen zur Behandlung und Pflege von Tieren,
13. im Bewachungsgewerbe und bei der Bewachung von Betriebsanlagen,
14. bei der Reinigung und Instandhaltung von Betriebseinrichtungen, soweit hierdurch der regelmäßige Fortgang des eigenen oder eines fremden Betriebs bedingt ist, bei der Vorbereitung der Wiederaufnahme des vollen werktägigen Betriebs sowie der Aufrechterhaltung der Funktionsfähigkeit von Datennetzen und Rechnersystemen,
15. zur Verhütung des Verderbens von Naturerzeugnissen oder Rohstoffen oder des Misslingens von Arbeitsergebnissen sowie bei kontinuierlich durchzuführenden Forschungsarbeiten,
16. zur Vermeidung einer Zerstörung oder erheblichen Beschädigung von Produktionseinrichtungen.

(2) Abweichend von § 9 dürfen Arbeitnehmer an Sonn- und Feiertagen mit den Produktionsarbeiten beschäftigt werden, wenn die infolge der Unterbrechung der Produktion nach Absatz 1 Nr. 14 zulässigen Arbeiten den Einsatz von mehr Arbeitnehmern als bei durchgehender Produktion erfordern.

§ 11
Ausgleich für Sonn- und Feiertagsbeschäftigung

(1) Mindestens 15 Sonntage im Jahr müssen beschäftigungsfrei bleiben.

(2) Für die Beschäftigung an Sonn- und Feiertagen gelten die §§ 3 bis 8 entsprechend, jedoch dürfen durch die Arbeitszeit an Sonn- und Feiertagen die in den §§ 3, 6 Abs. 2 und § 7 bestimmten Höchstarbeitszeiten und Ausgleichszeiträume nicht überschritten werden.

(3) Werden Arbeitnehmer an einem Sonntag beschäftigt, müssen sie einen Ersatzruhetag haben, der innerhalb eines den Beschäftigungstag einschließenden Zeitraums von zwei Wochen zu gewähren ist. Werden Arbeitnehmer an einem auf einen Werktag fallenden Feiertag beschäftigt, müssen sie einen Ersatzruhetag haben, der innerhalb eines den Beschäftigungstag einschließenden Zeitraums von acht Wochen zu gewähren ist.

(4) Die Sonn- oder Feiertagsruhe des § 9 oder der Ersatzruhetag des Absatzes 3 ist den Arbeitnehmern unmittelbar in Verbindung mit einer Ruhezeit nach § 5 zu gewähren, soweit dem technische oder arbeitsorganisatorische Gründe nicht entgegenstehen.

§ 12
Abweichende Regelungen

In einem Tarifvertrag oder auf Grund eines Tarifvertrages in einer Betriebsvereinbarung kann zugelassen werden,

1. abweichend von § 11 Abs. 1 die Anzahl der beschäftigungsfreien Sonntage in den Einrichtungen des § 10 Abs. 1 Nr. 2, 3, 4 und 10 auf mindestens zehn Sonntage, im Rundfunk, in Theaterbetrieben, Orchestern sowie bei Schaustellungen auf mindestens acht Sonntage, in Filmtheatern und in der Tierhaltung auf mindestens sechs Sonntage im Jahr zu verringern,
2. abweichend von § 11 Abs. 3 den Wegfall von Ersatzruhetagen für auf Werktage fallende Feiertage zu vereinbaren oder Arbeitnehmer innerhalb eines festzulegenden Ausgleichszeitraums beschäftigungsfrei zu stellen,
3. abweichend von § 11 Abs. 2 die Arbeitszeit in vollkontinuierlichen Schichtbetrieben an Sonn- und Feiertagen auf bis zu zwölf Stunden zu verlängern, wenn dadurch zusätzliche freie Schichten an Sonn- und Feiertagen erreicht werden.

§ 7 Abs. 3 bis 6 findet Anwendung.

§ 13
Ermächtigung, Anordnung, Bewilligung

(1) Die Bundesregierung kann durch Rechtsverordnung mit Zustimmung des Bundesrates zur Vermeidung erheblicher Schäden unter Berücksichtigung des Schutzes der Arbeitnehmer und der Sonn- und Feiertagsruhe

1. die Bereiche mit Sonn- und Feiertagsbeschäftigung nach § 10 sowie die dort zugelassenen Arbeiten näher bestimmen,
2. über die Ausnahmen nach § 10 hinaus weitere Ausnahmen abweichend von § 9,

a) für Betriebe, in denen die Beschäftigung von Arbeitnehmern an Sonn- oder Feiertagen zur Befriedigung täglicher oder an diesen Tagen besonders hervortretender Bedürfnisse der Bevölkerung erforderlich ist,
b) für Betriebe, in denen Arbeiten vorkommen, deren Unterbrechung oder Aufschub
   aa) nach dem Stand der Technik ihrer Art nach nicht oder nur mit erheblichen Schwierigkeiten möglich ist,
   bb) besondere Gefahren für Leben oder Gesundheit der Arbeitnehmer zur Folge hätte,
   cc) zu erheblichen Belastungen der Umwelt oder der Energie- oder Wasserversorgung führen würde,
c) aus Gründen des Gemeinwohls, insbesondere auch zur Sicherung der Beschäftigung, zulassen und die zum Schutz der Arbeitnehmer und der Sonn- und Feiertagsruhe notwendigen Bedingungen bestimmen.

(2) Soweit die Bundesregierung von der Ermächtigung des Absatzes 1 Nr. 2 Buchstabe a keinen Gebrauch gemacht hat, können die Landesregierungen durch Rechtsverordnung entsprechende Bestimmungen erlassen. Die Landesregierungen können diese Ermächtigungen durch Rechtsverordnung auf oberste Landesbehörden übertragen.

(3) Die Aufsichtsbehörde kann

1. feststellen, ob eine Beschäftigung nach § 10 zulässig ist,
2. abweichend von § 9 bewilligen, Arbeitnehmer zu beschäftigen
   a) im Handelsgewerbe an bis zu zehn Sonn- und Feiertagen im Jahr, an denen besondere Verhältnisse einen weiteren Geschäftsverkehr erforderlich machen,
   b) an bis zu fünf Sonn- und Feiertagen im Jahr, wenn besondere Verhältnisse zur Verhütung eines unverhältnismäßigen Schadens dies erfordern,
   c) an einem Sonntag im Jahr zur Durchführung einer gesetzlich vorgeschriebenen Inventur,

und Anordnungen über die Beschäftigungszeit unter Berücksichtigung der für den öffentlichen Gottesdienst bestimmten Zeit treffen.

(4) Die Aufsichtsbehörde soll abweichend von § 9 bewilligen, dass Arbeitnehmer an Sonn- und Feiertagen mit Arbeiten beschäftigt werden, die aus chemischen, biologischen, technischen oder physikalischen Gründen einen ununterbrochenen Fortgang auch an Sonn- und Feiertagen erfordern.

(5) Die Aufsichtsbehörde hat abweichend von § 9 die Beschäftigung von Arbeitnehmern an Sonn- und Feiertagen zu bewilligen, wenn bei einer weitgehenden Ausnutzung der gesetzlich zulässigen wöchentlichen Betriebszeiten und bei längeren Betriebszeiten im Ausland die Konkurrenzfähigkeit unzu-

mutbar beeinträchtigt ist und durch die Genehmigung von Sonn- und Feiertagsarbeit die Beschäftigung gesichert werden kann.

Vierter Abschnitt
Ausnahmen in besonderen Fällen

§ 14
Außergewöhnliche Fälle

(1) Von den §§ 3 bis 5, 6 Abs. 2, §§ 7, 9 bis 11 darf abgewichen werden bei vorübergehenden Arbeiten in Notfällen und in außergewöhnlichen Fällen, die unabhängig vom Willen der Betroffenen eintreten und deren Folgen nicht auf andere Weise zu beseitigen sind, besonders wenn Rohstoffe oder Lebensmittel zu verderben oder Arbeitsergebnisse zu misslingen drohen.

(2) Von den §§ 3 bis 5, 6 Abs. 2, §§ 7, 11 Abs. 1 bis 3 und § 12 darf ferner abgewichen werden,

1. wenn eine verhältnismäßig geringe Zahl von Arbeitnehmern vorübergehend mit Arbeiten beschäftigt wird, deren Nichterledigung das Ergebnis der Arbeiten gefährden oder einen unverhältnismäßigen Schaden zur Folge haben würde,
2. bei Forschung und Lehre, bei unaufschiebbaren Vor- und Abschlussarbeiten sowie bei unaufschiebbaren Arbeiten zur Behandlung, Pflege und Betreuung von Personen oder zur Pflege von Tieren an einzelnen Tagen,

wenn dem Arbeitgeber andere Vorkehrungen nicht zugemutet werden können.

§ 15
Bewilligung, Ermächtigung

(1) Die Aufsichtsbehörde kann

1. eine von den §§ 3, 6 Abs. 2 und § 11 Abs. 2 abweichende längere tägliche Arbeitszeit bewilligen
   a) für kontinuierliche Schichtbetriebe zur Erreichung zusätzlicher Freischichten,
   b) für Bau- und Montagestellen,
2. eine von den §§ 3, 6 Abs. 2 und § 11 Abs. 2 abweichende längere tägliche Arbeitszeit für Saison- und Kampagnebetriebe für die Zeit der Saison oder Kampagne bewilligen, wenn die Verlängerung der Arbeitszeit über acht Stunden werktäglich durch eine entsprechende Verkürzung der Arbeitszeit zu anderen Zeiten ausgeglichen wird,

3. eine von den §§ 5 und 11 Abs. 2 abweichende Dauer und Lage der Ruhezeit bei Arbeitsbereitschaft, Bereitschaftsdienst und Rufbereitschaft den Besonderheiten dieser Inanspruchnahmen im öffentlichen Dienst entsprechend bewilligen,
4. eine von den §§ 5 und 11 Abs. 2 abweichende Ruhezeit zur Herbeiführung eines regelmäßigen wöchentlichen Schichtwechsels zweimal innerhalb eines Zeitraums von drei Wochen bewilligen.

(2) Die Aufsichtsbehörde kann über die in diesem Gesetz vorgesehenen Ausnahmen hinaus weitergehende Ausnahmen zulassen, soweit sie im öffentlichen Interesse dringend benötigt werden.

(3) Das Bundesministerium der Verteidigung kann in seinem Geschäftsbereich durch Rechtsverordnung mit Zustimmung des Bundesministeriums für Arbeit und Sozialordnung aus zwingenden Gründen der Verteidigung Arbeitnehmer verpflichten, über die in diesem Gesetz und in den auf Grund dieses Gesetzes erlassenen Rechtsverordnungen und Tarifverträgen festgelegten Arbeitszeitgrenzen und -beschränkungen hinaus Arbeit zu leisten.

Fünfter Abschnitt
Durchführung des Gesetzes

§ 16
Aushang und Arbeitszeitnachweise

(1) Der Arbeitgeber ist verpflichtet, einen Abdruck dieses Gesetzes, der auf Grund dieses Gesetzes erlassenen, für den Betrieb geltenden Rechtsverordnungen und der für diesen Betrieb geltenden Tarifverträge und Betriebsvereinbarungen im Sinne des § 7 Abs. 1 bis 3 und des § 12 an geeigneter Stelle im Betrieb zur Einsichtnahme auszulegen oder auszuhängen.

(2) Der Arbeitgeber ist verpflichtet, die über die werktägliche Arbeitszeit des § 3 Satz 1 hinausgehende Arbeitszeit der Arbeitnehmer aufzuzeichnen. Die Aufzeichnungen sind mindestens zwei Jahre aufzubewahren.

§ 17
Aufsichtsbehörde

(1) Die Einhaltung dieses Gesetzes und der auf Grund dieses Gesetzes erlassenen Rechtsverordnungen wird von den nach Landesrecht zuständigen Behörden (Aufsichtsbehörden) überwacht.

(2) Die Aufsichtsbehörde kann die erforderlichen Maßnahmen anordnen, die der Arbeitgeber zur Erfüllung der sich aus diesem Gesetz und den auf Grund

dieses Gesetzes erlassenen Rechtsverordnungen ergebenden Pflichten zu treffen hat.

(3) Für den öffentlichen Dienst des Bundes sowie für die bundesunmittelbaren Körperschaften, Anstalten und Stiftungen des öffentlichen Rechts werden die Aufgaben und Befugnisse vom zuständigen Bundesministerium oder den von ihm bestimmten Stellen wahrgenommen; das Gleiche gilt für die Befugnisse nach § 15 Abs. 1 und 2.

(4) Die Aufsichtsbehörde kann vom Arbeitgeber die für die Durchführung dieses Gesetzes und der auf Grund dieses Gesetzes erlassenen Rechtsverordnungen erforderlichen Auskünfte verlangen. Sie kann ferner vom Arbeitgeber verlangen, die Arbeitszeitnachweise und Tarifverträge oder Betriebsvereinbarungen im Sinne des § 7 Abs. 1 bis 3 und des § 12 vorzulegen oder zur Einsicht einzusenden.

(5) Die Beauftragten der Aufsichtsbehörde sind berechtigt, die Arbeitsstätten während der Betriebs- und Arbeitszeit zu betreten und zu besichtigen; außerhalb dieser Zeit oder wenn sich die Arbeitsstätten in einer Wohnung befinden, dürfen sie ohne Einverständnis des Inhabers nur zur Verhütung von dringenden Gefahren für die öffentliche Sicherheit und Ordnung betreten und besichtigt werden. Der Arbeitgeber hat das Betreten und Besichtigen der Arbeitsstätten zu gestatten. Das Grundrecht der Unverletzlichkeit der Wohnung (Artikel 13 des Grundgesetzes) wird insoweit eingeschränkt.

(6) Der zur Auskunft Verpflichtete kann die Auskunft auf solche Fragen verweigern, deren Beantwortung ihn selbst oder einen der in § 383 Abs. 1 Nr. 1 bis 3 der Zivilprozessordnung bezeichneten Angehörigen der Gefahr strafgerichtlicher Verfolgung oder eines Verfahrens nach dem Gesetz über Ordnungswidrigkeiten aussetzen würde.

Sechster Abschnitt
Sonderregelungen

§ 18
Nichtanwendung des Gesetzes

(1) Dieses Gesetz ist nicht anzuwenden auf

1. leitende Angestellte im Sinne des § 5 Abs. 3 Betriebsverfassungsgesetz sowie Chefärzte,
2. Leiter von öffentlichen Dienststellen und deren Vertreter sowie Arbeitnehmer im öffentlichen Dienst, die zu selbständigen Entscheidungen in Personalangelegenheiten befugt sind,

3. Arbeitnehmer, die in häuslicher Gemeinschaft mit den ihnen anvertrauten Personen zusammenleben und sie eigenverantwortlich erziehen, pflegen oder betreuen,
4. den liturgischen Bereich der Kirchen und der Religionsgemeinschaften.

(2) Für die Beschäftigung von Personen unter 18 Jahren gilt anstelle dieses Gesetzes das Jugendarbeitsschutzgesetz.

(3) Für die Beschäftigung von Arbeitnehmern auf Kauffahrteischiffen als Besatzungsmitglieder im Sinne des § 3 des Seemannsgesetzes gilt anstelle dieses Gesetzes das Seemannsgesetz.

(4) Für die Beschäftigung von Arbeitnehmern in Bäckereien und Konditoreien gilt anstelle dieses Gesetzes das Gesetz über die Arbeitszeit in Bäckereien und Konditoreien.

§ 19
Beschäftigung im öffentlichen Dienst

Bei der Wahrnehmung hoheitlicher Aufgaben im öffentlichen Dienst können, soweit keine tarifvertragliche Regelung besteht, durch die zuständige Dienstbehörde die für die Beamten geltenden Bestimmungen über die Arbeitszeit auf die Arbeitnehmer übertragen werden; insoweit finden die §§ 3 bis 13 keine Anwendung.

§ 20
Beschäftigung in der Luftfahrt

Für die Beschäftigung von Arbeitnehmern als Besatzungsmitglieder von Luftfahrzeugen gelten anstelle der Vorschriften dieses Gesetzes über Arbeits- und Ruhezeiten die Vorschriften über Flug-, Flugdienst- und Ruhezeiten der Zweiten Durchführungsverordnung zur Betriebsordnung für Luftfahrtgerät in der jeweils geltenden Fassung.

§ 21
Beschäftigung in der Binnenschifffahrt

Die Vorschriften dieses Gesetzes gelten für die Beschäftigung von Fahrpersonal in der Binnenschifffahrt, soweit die Vorschriften über Ruhezeiten der Rheinschiffs-Untersuchungsordnung und der Binnenschiffs-Untersuchungsordnung in der jeweils geltenden Fassung dem nicht entgegenstehen. Sie können durch Tarifvertrag der Eigenart der Binnenschifffahrt angepasst werden.

Siebter Abschnitt
Straf- und Bußgeldvorschriften

§ 22
Bußgeldvorschriften

(1) Ordnungswidrig handelt, wer als Arbeitgeber vorsätzlich oder fahrlässig

1. entgegen § 3 oder 6 Abs. 2, jeweils auch in Verbindung mit § 11 Abs. 2, einen Arbeitnehmer über die Grenzen der Arbeitszeit hinaus beschäftigt,
2. entgegen § 4 Ruhepausen nicht, nicht mit der vorgeschriebenen Mindestdauer oder nicht rechtzeitig gewährt,
3. entgegen § 5 Abs. 1 die Mindestruhezeit nicht gewährt oder entgegen § 5 Abs. 2 die Verkürzung der Ruhezeit durch Verlängerung einer anderen Ruhezeit nicht oder nicht rechtzeitig ausgleicht,
4. einer Rechtsverordnung nach § 8 Satz 1, § 13 Abs. 1 oder 2 oder § 24 zuwiderhandelt, soweit sie für einen bestimmten Tatbestand auf diese Bußgeldvorschrift verweist,
5. entgegen § 9 Abs. 1 einen Arbeitnehmer an Sonn- und Feiertagen beschäftigt,
6. entgegen § 11 Abs. 1 einen Arbeitnehmer an allen Sonntagen beschäftigt oder entgegen § 11 Abs. 3 einen Ersatzruhetag nicht oder nicht rechtzeitig gewährt,
7. einer vollziehbaren Anordnung nach § 13 Abs. 3 Nr. 2 zuwiderhandelt,
8. entgegen § 16 Abs. 1 die dort bezeichnete Auslage oder den dort bezeichneten Aushang nicht vornimmt,
9. entgegen § 16 Abs. 2 Aufzeichnungen nicht, nicht richtig erstellt oder nicht für die vorgeschriebene Dauer aufbewahrt,
10. entgegen § 17 Abs. 4 eine Auskunft nicht, nicht richtig oder nicht vollständig erteilt, Unterlagen nicht oder nicht vollständig vorlegt oder nicht einsendet oder entgegen § 17 Abs. 5 Satz 2 eine Maßnahme nicht gestattet.

(2) Die Ordnungswidrigkeit kann in den Fällen des Absatzes 1 Nr. 1 bis 7, 9 und 10 mit einer Geldbuße bis zu 30 000 Deutsche Mark, in den Fällen des Absatzes 1 Nr. 8 mit einer Geldbuße bis zu 5 000 Deutsche Mark geahndet werden.

§ 23
Strafvorschriften

(1) Wer eine der in § 22 Abs. 1 Nr. 1 bis 3, 5 bis 7 bezeichneten Handlungen

1. vorsätzlich begeht und dadurch Gesundheit oder Arbeitskraft eines Arbeitnehmers gefährdet oder

2. beharrlich wiederholt,

wird mit Freiheitsstrafe bis zu einem Jahr oder mit Geldstrafe bestraft.

(2) Wer in den Fällen des Absatzes 1 Nr. 1 die Gefahr fahrlässig verursacht, wird mit einer Freiheitsstrafe bis zu sechs Monaten oder mit einer Geldstrafe bis zu 180 Tagessätzen bestraft.

Achter Abschnitt
Schlussvorschriften

§ 24
Umsetzung von zwischenstaatlichen Vereinbarungen und Rechtsakten der EG

Die Bundesregierung kann mit Zustimmung des Bundesrates zur Erfüllung von Verpflichtungen aus zwischenstaatlichen Vereinbarungen oder zur Umsetzung von Rechtsakten des Rates oder der Kommission der Europäischen Gemeinschaften, die Sachbereiche dieses Gesetzes betreffen, Rechtsverordnungen nach diesem Gesetz erlassen.

§ 25
Übergangsvorschriften für Tarifverträge

Enthält ein bei Inkrafttreten dieses Gesetzes bestehender oder nachwirkender Tarifvertrag abweichende Regelungen nach § 7 Abs. 1 oder 2 oder § 12 Satz 1, die den in den genannten Vorschriften festgelegten Höchstrahmen überschreiten, so bleiben diese tarifvertraglichen Regelungen unberührt. Tarifverträgen nach Satz 1 stehen durch Tarifvertrag zugelassene Betriebsvereinbarungen gleich. Satz 1 gilt entsprechend für tarifvertragliche Regelungen, in denen abweichend von § 11 Abs. 3 für die Beschäftigung an Feiertagen anstelle der Freistellung ein Zuschlag gewährt wird.

§ 26
Übergangsvorschrift für bestimmte Personengruppen

§ 5 ist für Ärzte und das Pflegepersonal in Krankenhäusern und anderen Einrichtungen zur Behandlung, Pflege und Betreuung von Personen erst ab 1. Januar 1996 anzuwenden.

II. Tarifvertragsgesetz (TVG)
in der Fassung vom 25. August 1969[44] (BGBl. I S. 1323)

Geändert durch Heimarbeitsänderungsgesetz vom 29. Oktober 1974 (BGBl. I S. 2879) mit Maßgaben für das Gebiet der ehem. DDR durch Anlage I Kapitel VIII Sachgebiet A Abschnitt III Nr. 14 des Einigungsvertrages vom 31. 8. 1990 (BGBl. II S. 889)[45], (BGBl. III 802-1).

§ 1. Inhalt und Form des Tarifvertrages. (1) Der Tarifvertrag regelt die Rechte und Pflichten der Tarifvertragsparteien und enthält Rechtsnormen, die den Inhalt, den Abschluss und die Beendigung von Arbeitsverhältnissen sowie betriebliche und betriebsverfassungsrechtliche Fragen ordnen können[46].

§ 2. Tarifvertragsparteien. (1) Tarifvertragsparteien sind Gewerkschaften, einzelne Arbeitgeber sowie Vereinigungen von Arbeitgebern.

(2) Zusammenschlüsse von Gewerkschaften und von Vereinigungen von Arbeitgebern (Spitzenorganisationen) können im Namen der ihnen angeschlossenen Verbände Tarifverträge abschließen, wenn sie eine entsprechende Vollmacht haben.

---

44 Bei der neuen Bekanntmachung des Gesetzes hat sich die Paragraphenfolge gegenüber der alten Fassung geändert.

45 Für das Gebiet der ehem. DDR gilt das TVG mit folgender Maßgabe:
Bis zum Abschluss eines neuen Tarifvertrages ist der geltende Rahmenkollektivvertrag oder Tarifvertrag mit allen Nachträgen und Zusatzvereinbarungen weiter anzuwenden, soweit eine Registrierung entsprechend dem Arbeitsgesetzbuch erfolgt ist. Der Rahmenkollektivvertrag oder Tarifvertrag tritt ganz oder teilweise außer Kraft, wenn für denselben Geltungsbereich oder Teile desselben ein neuer Tarifvertrag in Kraft tritt. Bestimmungen bisheriger Rahmenkollektivverträge oder Tarifverträge, die im neuen Tarifvertrag nicht aufgehoben oder ersetzt sind, gelten weiter.
Rationalisierungsschutzabkommen, die vor dem 1. Juli 1990 abgeschlossen und registriert worden sind, treten ohne Nachwirkung am 31. Dezember 1990 außer Kraft; soweit Arbeitnehmer bis zum 31. Dezember 1990 die Voraussetzungen der Rationalisierungsschutzabkommen erfüllt haben, bleiben deren Ansprüche und Rechte vorbehaltlich neuer tarifvertraglicher Regelungen unberührt. Die Regelungen des Art. 20 des Vertrages und der dazu ergangenen Anlagen bleiben unberührt.
Vgl. Einigungsvertrag vom 31. 8. 1990 (BGBl. II S. 889/1023).

46 Hiernach erfolgt die Regelung von Entgelten und sonstigen Arbeitsbedingungen grundsätzlich in freier Vereinbarung zwischen den Tarifvertragsparteien durch Tarifverträge. Zur Regelung von Entgelten und sonstigen Arbeitsbedingungen können jedoch unter bestimmten Voraussetzungen durch staatliche Stellen Mindestarbeitsbedingungen festgesetzt werden (Gesetz über die Festsetzung von Mindestarbeitsbedingungen v. 11. 1. 1952).

(3) Spitzenorganisationen können selbst Parteien eines Tarifvertrages sein, wenn der Abschluss von Tarifverträgen zu ihren satzungsgemäßen Aufgaben gehört.

(4) In den Fällen der Absätze 2 und 3 haften sowohl die Spitzenorganisationen wie die ihnen angeschlossenen Verbände für die Erfüllung der gegenseitigen Verpflichtungen der Tarifvertragsparteien.

§ 3. Tarifgebundenheit. (1) Tarifgebunden sind die Mitglieder der Tarifvertragsparteien und der Arbeitgeber, der selbst Partei des Tarifvertrages ist.

(2) Rechtsnormen des Tarifvertrages über betriebliche und betriebsverfassungsrechtliche Fragen gelten für alle Betriebe, deren Arbeitgeber tarifgebunden ist.

(3) Die Tarifgebundenheit bleibt bestehen, bis der Tarifvertrag endet.

§ 4. Wirkung der Rechtsnormen. (1) Die Rechtsnormen des Tarifvertrages, die den Inhalt, den Abschluss oder die Beendigung von Arbeitsverhältnissen ordnen, gelten unmittelbar und zwingend zwischen den beiderseits Tarifgebundenen, die unter den Geltungsbereich des Tarifvertrages fallen. Diese Vorschrift gilt entsprechend für Rechtsnormen des Tarifvertrages über betriebliche und betriebsverfassungsrechtliche Fragen.

(2) Sind im Tarifvertrag gemeinsame Einrichtungen der Tarifvertragsparteien vorgesehen und geregelt (Lohnausgleichskassen, Urlaubskassen usw.), so gelten diese Regelungen auch unmittelbar und zwingend für die Satzung dieser Einrichtung und das Verhältnis der Einrichtung zu den tarifgebundenen Arbeitgebern und Arbeitnehmern.

(3) Abweichende Abmachungen sind nur zulässig, soweit sie durch Tarifvertrag gestattet sind oder eine Änderung der Regelungen zugunsten der Arbeitnehmer enthalten.

(4) Ein Verzicht auf entstandene tarifliche Rechte ist nur in einem von den Tarifvertragsparteien gebilligten Vergleich zulässig. Die Verwirkung von tariflichen Rechten ist ausgeschlossen. Ausschlussfristen für die Geltendmachung tariflicher Rechte können nur im Tarifvertrag vereinbart werden.

(5) Nach Ablauf des Tarifvertrages gelten seine Rechtsnormen weiter, bis sie durch eine andere Abmachung ersetzt werden.

§ 5 Allgemeinverbindlichkeit. (1) der Bundesminister für Arbeit und Sozialordnung kann einen Tarifvertrag im Einvernehmen mit einem aus je drei Vertretern der Spitzenorganisationen der Arbeitgeber und der Arbeitnehmer bestehenden Ausschuss auf Antrag einer Tarifvertragspartei für allgemeinverbindlich erklären, wenn

1. die tarifgebundenen Arbeitgeber nicht weniger als 50 vom Hundert der unter den Geltungsbereich des Tarifvertrages fallenden Arbeitnehmer beschäftigen und
2. die Allgemeinverbindlicherklärung im öffentlichen Interesse geboten erscheint.

Von den Voraussetzungen der Nummern 1 und 2 kann abgesehen werden, wenn die Allgemeinverbindlicherklärung zur Behebung eines sozialen Notstandes erforderlich erscheint.

(2) Vor der Entscheidung über den Antrag ist Arbeitgebern und Arbeitnehmern, die von der Allgemeinverbindlicherklärung betroffen werden würden, den am Ausgang des Verfahrens interessierten Gewerkschaften und Vereinigungen der Arbeitgeber sowie den obersten Aufsichtsbehörden der Länder, auf deren Bereich sich der Tarifvertrag erstreckt, Gelegenheit zur schriftlichen Stellungnahme sowie zur Äußerung in einer mündlichen und öffentlichen Verhandlung zu geben.

(3) Erhebt die oberste Arbeitsbehörde eines beteiligten Landes Einspruch gegen die beantragte Allgemeinverbindlicherklärung, so kann der Bundesminister für Arbeit und Sozialordnung dem Antrag nur mit Zustimmung der Bundesregierung stattgeben.

(4) Mit der Allgemeinverbindlicherklärung erfassen die Rechtsnormen des Tarifvertrages in seinem Geltungsbereich auch die bisher nicht tarifgebundenen Arbeitgeber und Arbeitnehmer.

(5) Der Bundesminister für Arbeit und Sozialordnung kann die Allgemeinverbindlicherklärung eines Tarifvertrages im Einvernehmen mit dem in Abs. 1 genannten Ausschuss aufheben, wenn die Aufhebung im öffentlichen Interesse geboten erscheint. Die Absätze 2 und 3 gelten entsprechend. Im Übrigen endet die Allgemeinverbindlichkeit eines Tarifvertrages mit dessen Ablauf.

(6) Der Bundesminister für Arbeit und Sozialordnung kann der obersten Arbeitsbehörde eines Landes für einzelne Fälle das Recht zur Allgemeinverbindlicherklärung sowie zur Aufhebung der Allgemeinverbindlichkeit übertragen.

(7) Die Allgemeinverbindlicherklärung wie die Aufhebung der Allgemeinverbindlichkeit bedürfen der öffentlichen Bekanntmachung.

§ 6 Tarifregister. Bei dem Bundesminister für Arbeit und Sozialordnung wird ein Tarifregister geführt, in das der Abschluss, die Änderung und die Aufhebung der Tarifverträge sowie der Beginn und die Beendigung der Allgemeinverbindlichkeit eingetragen werden.

§ 7 Übersendungs- und Mitteilungspflicht. (1) Die Tarifvertragsparteien sind verpflichtet, dem Bundesminister für Arbeit und Sozialordnung innerhalb eines Monats nach Abschluss kostenfrei die Urschrift oder eine beglaubigte Abschrift sowie zwei weitere Abschriften eines jeden Tarifvertrages und seiner Änderungen zu übersenden; sie haben ihm das Außerkrafttreten eines jeden Tarifvertrages innerhalb eines Monats mitzuteilen. Sie sind ferner verpflichtet, den obersten Aufsichtsbehörden der Länder kostenfrei je drei Abschriften des Tarifvertrages und seiner Änderungen zu übersenden und auch das Außerkrafttreten des Tarifvertrages innerhalb eines Monats mitzuteilen. Erfüllt eine Tarifvertragspartei die Verpflichtungen, so werden die übrigen Tarifvertragsparteien davon befreit.

(2) Ordnungswidrig handelt, wer vorsätzlich oder fahrlässig entgegen Abs. 1 einer Übersendungs- oder Mitteilungspflicht nicht, unrichtig, nicht vollständig oder nicht rechtzeitig genügt. Die Ordnungswidrigkeit kann mit einer Geldbuße geahndet werden.

(3) Verwaltungsbehörde im Sinne des § 36 Abs. 1 Nr. 1 des Gesetzes über Ordnungswidrigkeiten ist die Behörde, der gegenüber die Pflicht nach Abs. 1 zu erfüllen ist.

§ 8. Bekanntgabe des Tarifvertrages. Die Arbeitgeber sind verpflichtet, die für ihren Betrieb maßgebenden Tarifverträge an geeigneter Stelle im Betrieb auszulegen.

§ 9. Feststellung der Rechtswirksamkeit. Rechtskräftige Entscheidungen der Gerichte für Arbeitssachen, die in Rechtsstreitigkeiten zwischen Tarifvertragsparteien aus dem Tarifvertrag oder über das Bestehen oder Nichtbestehen des Tarifvertrages ergangen sind, sind in Rechtsstreitigkeiten zwischen tarifgebundenen Parteien sowie zwischen diesen und Dritten für die Gerichte und Schiedsgerichte bindend.

§ 10. Tarifvertrag und Tarifordnungen. Gegenstandslos.

§ 11. Durchführungsbestimmungen[47]. Der Bundesminister für Arbeit und Sozialordnung kann unter Mitwirkung der Spitzenorganisationen der Arbeitgeber und der Arbeitnehmer die zur Durchführung des Gesetzes erforderlichen Verordnungen erlassen, insbesondere über

1. die Errichtung und die Führung des Tarifregisters und des Tarifarchivs;
2. das Verfahren bei der Allgemeinverbindlicherklärung von Tarifverträgen und der Aufhebung von Tarifordnungen und Anordnungen, die öffentliche Bekanntmachung bei der Antragsstellung, der Erklärung und Beendigung

47 Vgl. die VO zur Durchführung des Tarifvertragsgesetzes (abgedruckt bei *Nipperdey* I unter Nr. 504).

der Allgemeinverbindlichkeit und der Aufhebung von Tarifordnungen und Anordnungen sowie die hierdurch entstehenden Kosten;
3. den in § 5 genannten Ausschuss.

§ 12. Spitzenorganisationen. Spitzenorganisationen im Sinne dieses Gesetzes sind – unbeschadet der Regelung in § 2 – diejenigen Zusammenschlüsse von Gewerkschaften oder von Arbeitgebervereinigungen, die für die Vertretung der Arbeitnehmer- oder Arbeitgeberinteressen im Arbeitsleben des Bundesgebietes wesentliche Bedeutung haben. Ihnen stehen gleich Gewerkschaften und Arbeitgebervereinigungen, die keinem solchen Zusammenschluss angehören, wenn sie die Voraussetzungen des letzten Halbsatzes in Satz 1 erfüllen.

§ 12a. Arbeitnehmerähnliche Personen. (1) Die Vorschriften dieses Gesetzes gelten entsprechend

1. für Personen, die wirtschaftlich abhängig und vergleichbar einem Arbeitnehmer sozial schutzbedürftig sind (arbeitnehmerähnliche Personen), wenn sie auf Grund von Dienst- oder Werkverträgen für andere Personen tätig sind, die geschuldeten Leistungen persönlich und im Wesentlichen ohne Mitarbeit von Arbeitnehmern erbringen und
   a) überwiegend für eine Person tätig sind oder
   b) ihnen von einer Person im Durchschnitt mehr als die Hälfte des Entgelts zusteht, das ihnen für ihre Erwerbstätigkeit insgesamt zusteht; ist dies nicht voraussehbar, so sind für die Berechnung, soweit im Tarifvertrag nichts anderes vereinbart ist, jeweils die letzten sechs Monate, bei kürzerer Dauer der Tätigkeit dieser Zeitraum, maßgebend,
2. für die in Nummer 1 genannten Personen, für die die arbeitnehmerähnlichen Personen tätig sind, sowie für die zwischen ihnen und den arbeitnehmerähnlichen Personen durch Dienst- oder Werkverträge begründeten Rechtsverhältnisse.

(2) Mehrere Personen, für die arbeitnehmerähnliche Personen tätig sind, gelten als eine Person, wenn diese mehreren Personen nach der Art eines Konzerns (§ 18 Aktiengesetz) zusammengefasst sind oder zu einer zwischen ihnen bestehenden Organisationsgemeinschaft oder nicht nur vorübergehenden Arbeitsgemeinschaft gehören.

(3)Die Absätze 1 und 2 finden auf Personen, die künstlerische, schriftstellerische oder journalistische Leistungen erbringen, sowie auf Personen, die an der Erbringung, insbesondere der technischen Gestaltung solcher Leistungen unmittelbar mitwirken, auch dann Anwendung, wenn ihnen abweichend von Absatz 1 Nr. 1 Buchstabe b erster Halbsatz von einer Person im Durchschnitt mindestens ein Drittel des Entgelts zusteht, das ihnen für ihre Erwerbstätigkeit insgesamt zusteht.

(4) Die Vorschrift findet keine Anwendung auf Handelsvertreter im Sinne des § 84 des Handelsgesetzbuchs.

§ 12b. Berlin-Klausel. (gegenstandslos)

§ 13. Inkrafttreten. (1) Dieses Gesetz tritt mit seiner Verkündung in Kraft.[48]

(2) Tarifverträge, die vor dem Inkrafttreten dieses Gesetzes abgeschlossen sind, unterliegen diesem Gesetz.

---

48 Die Vorschrift betrifft das Inkrafttreten des Gesetzes in der Fassung vom 9. April 1949 (Gesetzblatt der Verwaltung des Vereinigten Wirtschaftsgebietes).

III. §§ 77, 87 BetrVG

§ 77. Durchführung gemeinsamer Beschlüsse, Betriebsvereinbarungen. (1) Vereinbarungen zwischen Betriebsrat und Arbeitgeber, auch soweit sie auf dem Spruch der Einigungsstelle beruhen, führt der Arbeitgeber durch, es sei denn, dass im Einzelfall etwas anderes vereinbart ist. Der Betriebsrat darf nicht durch einseitige Handlungen in die Leitung des Betriebs eingreifen.

(2) Betriebsvereinbarungen sind von Betriebsrat und Arbeitgeber gemeinsam zu beschließen und schriftlich niederzulegen. Sie sind von beiden Seiten zu unterzeichnen; dies gilt nicht, soweit Betriebsvereinbarungen auf einem Spruch der Einigungsstelle beruhen. Der Arbeitgeber hat die Betriebsvereinbarungen an geeigneter Stelle im Betrieb auszulegen.

(3) Arbeitsentgelte und sonstige Arbeitsbedingungen, die durch Tarifvertrag geregelt sind oder üblicherweise geregelt werden, können nicht Inhalt einer Betriebsvereinbarung sein. Dies gilt nicht, wenn der Tarifvertrag den Abschluss ergänzender Betriebsvereinbarungen ausdrücklich zulässt.

(4) Betriebsvereinbarungen gelten unmittelbar und zwingend. Werden Arbeitnehmern durch die Betriebsvereinbarung Rechte eingeräumt, so ist ein Verzicht auf sie nur mit Zustimmung des Betriebsrats zulässig. Die Verwirkung dieser Rechte ist ausgeschlossen. Ausschlussfristen für ihre Geltendmachung sind nur insoweit zulässig, als sie in einem Tarifvertrag oder einer Betriebsvereinbarung vereinbart werden; dasselbe gilt für die Abkürzung der Verjährungsfristen.

(5) Betriebsvereinbarungen können, soweit nichts anderes vereinbart ist, mit einer Frist von drei Monaten gekündigt werden.

(6) Nach Ablauf einer Betriebsvereinbarung gelten ihre Regelungen in Angelegenheiten, in denen ein Spruch der Einigungsstelle die Einigung zwischen Arbeitgeber und Betriebsrat ersetzen kann, weiter, bis sie durch einen andere Abmachung ersetzt werden.

§ 87. Mitbestimmungsrechte. (1) Der Betriebsrat hat, soweit eine gesetzliche oder tarifliche Regelung nicht besteht, in folgenden Angelegenheiten mitzubestimmen:

1. Fragen der Ordnung des Betriebes und des Verhaltens der Arbeitnehmer im Betrieb;
2. Beginn und Ende der täglichen Arbeitszeit einschließlich der Pausen sowie Verteilung der Arbeitszeit auf die einzelnen Wochentage;
3. vorübergehende Verkürzung oder Verlängerung der betriebsüblichen Arbeitszeit;
4. Zeit, Ort und Art der Auszahlung der Arbeitsentgelte;

5. Aufstellung allgemeiner Urlaubsgrundsätze und des Urlaubsplans sowie die Feststellung der zeitlichen Lage des Urlaubs für einzelne Arbeitnehmer, wenn zwischen dem Arbeitgeber und den beteiligten Arbeitnehmern kein Einverständnis erzielt wird;
6. Einführung und Anwendung von technischer Einrichtungen, die dazu bestimmt sind, das Verhalten oder die Leistung der Arbeitnehmer zu überwachen;
7. Regelungen über die Verhütung von Arbeitsunfällen und Berufskrankheiten sowie über den Gesundheitsschutz im Rahmen der gesetzlichen Vorschriften oder der Unfallverhütungsvorschriften;
8. Form, Ausgestaltung und Verwaltung von Sozialeinrichtungen, deren Wirkungsbereich auf den Betrieb, das Unternehmen oder den Konzern beschränkt ist;
9. Zuweisung und Kündigung von Wohnräumen, die den Arbeitnehmern mit Rücksicht auf das Bestehen eines Arbeitsverhältnisses vermietet werden, sowie die allgemeine Festlegung der Nutzungsbedingungen;
10. Fragen der betrieblichen Lohngestaltung, insbesondere die Aufstellung von Entlohnungsgrundsätzen und die Einführung und Anwendung von neuen Entlohnungsmethoden sowie deren Änderung;
11. Festsetzung der Akkord- und Prämiensätze und vergleichbarer leistungsbezogener Entgelte, einschließlich der Geldfaktoren;

(2) Kommt eine Einigung über eine Angelegenheit nach Absatz 1 nicht zustande, so entscheidet die Einigungsstelle. Der Spruch der Einigungsstelle ersetzt die Einigung zwischen Arbeitgeber und Betriebsrat.

IV. Tarifvereinbarungen

Einzelne Tarifverträge

In den Gewerkschaften ist die Auseinandersetzung zwischen Traditionalisten und Modernisierern im vollen Gange. Dies zeigt sich besonders in der Frage der tarifvertraglichen Gestaltung der Arbeitszeit und der Aufgabenteilung zwischen Tarifvertrags-, Betriebs- und Arbeitsvertragsparteien. Eine moderne gewerkschaftliche Arbeitszeitpolitik könnte z. B. so aussehen, dass sie auf der Basis einer tariflichen Jahresarbeitszeit individuelle Lösungen zuließe. Dies beträfe die weitgehend selbstbestimmte TAZ sowie den Zeitausgleich bzw. das Ansparen von Zeitguthaben auf Langzeitkonten, um sich z. B. einen eigenen „Vorsorgepfad" aufzubauen.[49]

1. MTV Einzelhandel Thüringen (arbeitszeitrechtliche Auszüge)

Zwischen dem Verband der Thüringer Kaufleute und, je gesondert,
1. Der Deutschen Angestellten-Gewerkschaft (DAG)
Landesbezirk Thüringen,
2. der Gewerkschaft Handel, Banken und Versicherungen (HBV)
Landesverband Sachsen-Anhalt/Thüringen,
wird der nachfolgende Manteltarifvertrag abgeschlossen:

§ 1
Geltungsbereich

A. Räumlicher Geltungsbereich

Der Tarifvertrag gilt im Gebiet des Bundeslandes Thüringen.

B. Fachlicher Geltungsbereich

Der Tarifvertrag gilt für die Betriebe des Einzelhandels aller Branchen und Betriebsformen einschließlich ihrer Hilfs- und Nebenbetriebe.

---

49 Vgl. Gespräch der F. A.Z. mit dem Düsseldorfer Bezirksleiter *H. Schartau* über einen von ihnen unterschriftsreif ausgehandelten Tarifvertrag für 85 000 Metallarbeiter in Nordrhein-Westfalen, Bremen und Niedersachsen (F.A.Z. v. 23. 5. 2000, S. 19).

C. Persönlicher Geltungsbereich

Der Tarifvertrag erfasst alle Angestellten, die gewerblichen ArbeitnehmerInnen sowie die in einem Berufsausbildungsverhältnis befindlichen Personen, die nach § 5 Abs. 2 und 3 Betriebsverfassungsgesetz nicht als ArbeitnehmerInnen im Sinne dieses Gesetzes gelten.

§ 3
Teilzeitbeschäftigte

1. Teilzeitbeschäftigte, deren vertraglich vereinbarte Arbeitszeit die regelmäßige tariflich vereinbarte Wochenarbeitszeit gemäß § 6 Ziff. 1 und § 6 Ziff. 2 unterschreitet.
2. Vorbehaltlich anderer bestehender Vereinbarungen soll die wöchentliche Arbeitszeit in der Regel auf höchstens 3 Tage pro Woche verteilt werden und die tägliche Arbeitszeit in der Regel 3 Stunden nicht unterschreiten. Hiervon kann abgewichen werden, wenn dies auf Wunsch der Beschäftigten vereinbart wird oder betriebliche Belange (Schließ- und Wachdienst, Auffülltätigkeit, Preisauszeichnung, Hausreinigung, Inventuren und andere vergleichbare verkaufsunterstützende Tätigkeiten) dies erfordern.
3. Soweit betriebliche Weiterbildungsmaßnahmen durchgeführt werden, sind Teilzeitbeschäftigte mitzuberücksichtigen.
4. Der/die ArbeitgeberIn soll bei der Besetzung von freien Arbeitsplätzen im Betrieb beschäftigte geeignete Teilzeitbeschäftigte mit gleicher Qualifikation, die den Wunsch haben, bei sonst unveränderten vertraglichen Bedingungen bezüglich der Lage der Arbeitszeit einen Vertrag mit der angebotenen höheren Stundenzahl zu erhalten, mit Vorrang berücksichtigen.
5. Der/ die ArbeitgeberIn hat bei der Besetzung von freien Vollzeitarbeitsplätzen entsprechend im Betrieb beschäftigte geeignete TeilzeitarbeitnehmerInnen, die den Wunsch haben, in Vollzeit zu arbeiten, mit Vorrang zu berücksichtigen, soweit betriebliche Belange dem nicht entgegenstehen.
   Der/die ArbeitgeberIn hat bei der Besetzung von freien Teilzeitarbeitsplätzen entsprechend im Betrieb beschäftigte geeignete VollzeitarbeitnehmerInnen, die den Wunsch haben, in Teilzeit zu arbeiten, mit Vorrang zu berücksichtigen, soweit betriebliche Belange dem nicht entgegenstehen.
6. Abweichende Betriebsvereinbarungen bleiben unberührt.

§ 6
Regelmäßige Arbeitszeit

1. Die regelmäßige tarifliche wöchentliche Arbeitszeit ausschließlich der Pausen beträgt 39 Stunden. Ab 1. Januar 1999 beträgt die regelmäßige wöchentliche Arbeitszeit ausschließlich der Pausen 38 Stunden. Teilzeitbeschäftigten kann eine Verringerung der bisher vereinbarten regelmäßi-

gen Wochenarbeitszeit aus Anlass dieser Arbeitszeitverkürzung nur mit deren Zustimmung herbeigeführt werden. Insbesondere dürfen Teilzeitbeschäftigte, die sich mit mindestens 18 Stunden pro Woche in einem ungekündigten Dauerarbeitsverhältnis befinden, dadurch den Schutz der gesetzlichen Arbeitslosenversicherung gegen ihren Willen nicht verlieren. Das gilt auch für Jugendliche.
Abweichend hiervon kann durch Betriebsvereinbarung und durch Einzelarbeitsverträge in Betrieben mit Betriebsräten mit deren Zustimmung eine regelmäßige wöchentliche Arbeitszeit bis zu 40 Stunden vereinbart werden. Eine über die regelmäßige tarifliche Arbeitszeit hinausgehende Arbeitszeit bis zu 40 Stunden in der Woche ist zuschlagsfrei zusätzlich zu vergüten.

2. Eine von Ziff. 1 abweichende Regelung kann durch Betriebsvereinbarung in Betrieben ohne Betriebsrat durch Einzelarbeitsverträge getroffen werden, sofern
   a) eine im Voraus festgelegte Freizeit (z.B. rollierendes Freizeitsystem oder feste Wochenfreizeittage) vereinbart wird und dabei der Durchschnitt von bis zu 52 Wochen eines Kalenderjahres die regelmäßige wöchentliche Arbeitszeit nach Ziff. 1 ergibt und
   b) bei der Verteilung der Wochenarbeitszeit auf die Wochentage außer bei Vorliegen besonderer betrieblicher Gründe (z.B. Reinigungspersonal) grundsätzlich ein arbeitsfreier Werktag in jeder Woche gebildet wird.
   c) Fällt in die Woche ein gesetzlicher Feiertag, so ist der freie Tag nach den gleichen Grundsätzen festzulegen wie in Wochen ohne Feiertag.
3. Sind bei Ladenschluss noch Kunden/Kundinnen anwesend, so muss zum Zuendebedienen dieser Kunden/Kundinnen und für das damit verbundene Wegräumen der Ware Arbeit geleistet werden. § 7 Ziff. 1 ist zu beachten.
4. Beginn und Ende der regelmäßigen Arbeitszeit sowie Pausen sind unter Berücksichtigung der gesetzlichen Bestimmungen betrieblich zu regeln und jedem/jeder ArbeitnehmerIn in geeigneter Weise bekanntzumachen.
5. Beschäftigte, die spätöffnungsbedingt nach 18.30 Uhr arbeiten, sollen an diesen Tagen nicht länger als 9 Stunden beschäftigt werden, es sei denn, betriebsübliche Arbeitszeiten sind ebenfalls länger. Darüber hinaus sollen die Beschäftigten auf ihren Wunsch an nicht mehr als drei Tagen in der Woche nach 18.30 Uhr und an nicht mehr als an drei Samstagen im Monat beschäftigt werden.
   Hiervon kann abgewichen werden, wenn im Rahmen einer systematischen Arbeitszeiteinteilung
   – mehrere Schichten auch im wöchentlichen Wechsel festgelegt werden,
   – eine Vier-Tage-Arbeitswoche vereinbart wird,

- alle vier Wochen ein langes Wochenende (Samstag bis Dienstag, Freitag bis Montag) erreicht wird.

Andere – davon abweichende – Arbeitszeitregelungen können zwischen den Betriebsparteien vereinbart werden, sofern sie eine systematische und im Voraus planbare Arbeitszeit- und Freizeitregelung enthalten (rollierendes Freizeitsystem, feste Woche, Freizeittage, usw.)

In Betrieben ohne Betriebsrat ist eine entsprechende Regelung durch Einzelarbeitsvertrag mit den betroffenen Beschäftigten zu treffen.

Aus Anlass der Abendöffnung dürfen Pausen nicht neu geschaffen oder verlängert werden. Abweichende Betriebsvereinbarungen sind zulässig.

In Betrieben, die an der Spätöffnung teilnehmen, sind die sozialen Belange der Beschäftigten sowie die besonderen Belastungen, die sich aus der Abendöffnung ergeben, zu berücksichtigen.

Bei Vorliegen dringender persönlicher Gründe sollen Beschäftigte im Verkauf auf ihren Wunsch hin an den Tagen Montag bis Freitag von einem Einsatz nach 18.30 Uhr ganz oder teilweise ausgenommen werden, wenn dieser Einsatz für sie unzumutbar wäre.

Dies ist regelmäßig der Fall,

- wenn die nach ärztlichem Attest erforderliche Betreuung und Pflege naher Angehöriger/LebenspartnerIn nicht gewährleistet wäre,
- wenn glaubhaft gemacht wird, dass die Betreuung und Beaufsichtigung ihrer Kinder vor Vollendung des 12. Lebensjahres nicht gewährleistet wäre,
- für Auszubildende am Tag des Berufsschulunterrichtes.

Beschäftigte, die nach 18.30 Uhr arbeiten und bei einem Geschäftsschluss um 20.00 Uhr in zumutbarem Zeitraum ihren Wohnsitz mit öffentlichen Verkehrsmitteln nicht erreichen können, wenn sie diese ausschließlich benutzen können, sollen – in erforderlichem Umfang vor 20.00 Uhr – von dem Arbeitseinsatz ausgenommen werden.

6. Im Übrigen richtet sich die Arbeitszeit nach den gesetzlichen Bestimmungen, insbesondere den Vorschriften des Jugendarbeitsschutzgesetzes, der Gewerbeordnung sowie des Mutterschutzes.

§ 7
Mehrarbeit

1. Mehrarbeit ist die Zeit, die über die nach § 6 Ziff. 1 und 2 festgelegte Arbeitszeit oder einem Arbeitssystem entsprechende Arbeitszeit hinausgeht;
2. Mehrarbeit, desgleichen auch Nacht-, Sonn- und Feiertagsarbeit, ist nach Möglichkeit zu vermeiden. Sie ist auf Veranlassung der Betriebsleitung nur vorübergehend in Fällen einer dringenden geschäftlichen Notwendigkeit nach Anhörung des Betriebsrates (soweit ein solcher vorhanden ist) zulässig.

3. Bei der Festsetzung des Entgelts für eine Stunde ist bei Angestellten
   a) bis zum 31. Dezember 1998 1/169,
   b) ab 1. Januar 1999 1/165

   das Monatsgehalt, bei gewerblichen ArbeitnehmerInnen der Stundenlohn zu berechnen.
4. Mehrarbeit ist mit 25% Zuschlag zum Stundenentgelt zu vergüten.
5. Die über 18 Mehrarbeitsstunden im Monat hinaus geleistete Mehrarbeit ist mit einem Zuschlag von weiteren 15% zu vergüten (insgesamt 40%).
6. Bei Reisenden und Servierinnen, bei denen eine bestimmte Arbeitszeit nicht eingehalten werden kann, ist eine etwaige Mehrarbeitsvergütung im Einzelarbeitsvertrag zu regeln.
7. Jugendliche dürfen zu Mehr-, Nacht-, Sonn- und Feiertagsarbeit nur nach Maßgabe der gesetzlichen Bestimmungen herangezogen werden.

§ 8
Nacht-, Sonn- und Feiertagsarbeit

1. Nachtarbeit ist die in der Nachtzeit zwischen 20.00 und 6.00 Uhr geleistete Arbeit. Für Arbeitsleistungen für das Zuendebedienen und andere Tagesabschlussarbeiten aus Anlass der Spätöffnung beginnt die Nachtarbeit erst ab 20.15 Uhr.
2. Sonntagsarbeit ist die in der Zeit von Sonntag 0.00 bis 24.00 Uhr geleistete Arbeit.
3. Feiertagsarbeit ist die an gesetzlichen Feiertagen in der Zeit zwischen 0.00 bis 24.00 Uhr geleistete Arbeit.
4. Für Arbeit nach Ziff. 1–3 sind zum Entgelt folgende Zuschläge zu zahlen:
   a) Nachtarbeit 50%,
      jedoch im Rahmen von Schichtarbeit 20%,
   b) Sonntagsarbeit 120%,
   c) Feiertagsarbeit 150%.
5. Beschäftigte, die wegen veränderter Ladenschlusszeiten aus Anlass der Neufassung des Ladenschlussgesetzes vom 30. Juni 1996 in Verkaufsstellen an den Tagen Montag bis Freitag nach 18.30 Uhr bis 20.00 Uhr und an Samstagen nach 14.00 Uhr bis 16.00 Uhr arbeiten (spätöffnungsbedingt), erhalten für diese Zeit einen Zuschlag von 20%, der grundsätzlich in Form von Freizeit zu gewähren ist. Auf Wunsch des/der Beschäftigten kann der Zuschlag im Einvernehmen mit dem/der ArbeitgeberIn abgegolten werden[50].

---

50 Für Unternehmen mit bis zu 15 Beschäftigten (Auszubildende und Familienangehörige werden nicht mitgezählt) tritt die Zuschlagsregelung gemäß § 8, Ziff. 7 ab dem 1. Januar 1998 in Kraft.

6. Zwei Samstage pro Kalendermonat sowie die vier langen Samstage vor Weihnachten, gemäß dem Ladenschlussgesetz in der Fassung vom 30. Juni 1996 (§ 3.1, Ziff. 4), sind ohne Spätöffnungszuschlag zu vergüten.
7. Das Zuendebedienen und andere Tagesabschlussarbeiten an den Tagen Montag bis Freitag nach 20.00 Uhr und an Samstagen nach 16.00 Uhr sind mit einem Zuschlag von 20% zu vergüten. In diesen Fällen fällt kein Mehrarbeitszuschlag an. An den zuschlagsfreien Samstagen gilt für das Zuendebedienen und die Tagesabschlussarbeiten § 6, Ziff. 3.[50]
8. Für berufsübliche Nacht-, Sonn- und Feiertagsarbeit (NachtwächterInnen, PförtnerInnen, MonteurInnen in Notdienstbetrieben) ist kein Zuschlag zu zahlen. Diese ArbeitnehmerInnen erhalten in jeder Woche (7 Tage) in der Regel zwei freie Tage. Die Verteilung der freien Tage hat so zu erfolgen, dass mindestens zwei freie Tage im Monat auf einen Sonntag oder gesetzlichen Feiertag fallen.
9. Auf Wunsch oder mit Zustimmung des/der ArbeitnehmerIn soll eine Abgeltung der geleisteten Mehr-, Nacht-, Sonn- und Feiertagsarbeit einschließlich der Zuschläge durch Freizeit innerhalb der auf die Mehrarbeitsleistung folgenden 2 Wochen gewährt werden. Im Monat Dezember erfolgte Mehrarbeitsleistungen können bis Ende Januar abgegolten werden.
10. Beim Zusammentreffen mehrerer Zuschläge wird nur der jeweils höhere Zuschlag bezahlt.
11. Arbeitszeit- und Zuschlagsregelungen jeder Art im Arbeitsgesetzbuch und in den Tarifverträgen, die vor dem 30. Juni 1990 abgeschlossen wurden, werden durch die vorstehenden Regelungen der §§ 6–8 ersetzt und finden keine Anwendung mehr.

2. Manteltarifvertrag Groß- und Außenhandel (arbeitszeitrechtliche Auszüge)

Zwischen dem Landesverband für Groß-/Außenhandel und Dienstleistungen
und
der Gewerkschaft Handel, Banken und Versicherungen (HBV)
Landesbezirk Thüringen
und
der Deutschen Angestellten-Gewerkschaft (DAG)
Landesverband Sachsen-Anhalt/Thüringen
wird folgender Tarifvertrag geschlossen:

§ 1
Geltungsbereich

Dieser Tarifvertrag gilt

1. räumlich: für das Land Thüringen,
2. fachlich: für alle Groß-/Außenhandels- und Dienstleistungsunternehmen, und zwar einschließlich ihrer Hilfs- und Nebenbetriebe, die als Mitglied dem LGAD Thüringen e. V. oder dem Landesverband Ost der gewerblichen Verbundgruppe e. V. angehören,
3. persönlich: für die in diesen Firmen einschließlich ihrer Hilfs- und Nebenbetriebe beschäftigten Arbeitnehmer sowie Auszubildenden, soweit sie Mitglieder der vertragsschließenden Gewerkschaften sind. Nicht als Arbeitnehmer im Sinne dieses Abkommens gelten gesetzliche Vertreter von juristischen Personen sowie leitende Angestellte, die zur selbstständigen Einstellung und Kündigung von Arbeitnehmern befugt sind.

§ 2
Regelmäßige Arbeitszeit

1. Die regelmäßige wöchentliche Arbeitszeit beträgt ausschließlich der Pausen 39 Stunden. Sie vermindert sich um die an den gesetzlichen Wochenfeiertagen ausfallenden Arbeitsstunden.
2. Eine von Ziff. 1 abweichende Verteilung der regelmäßigen wöchentlichen Arbeitszeit aus betrieblichen Gründen ist zulässig, wenn innerhalb von 13 Wochen die durchschnittliche wöchentliche Arbeitszeit von 39 Stunden nicht überschritten wird. Besteht ein Betriebsrat, so ist über die abwei-

chende Einteilung der Arbeitszeit eine Betriebsvereinbarung abzuschließen. Besteht kein Betriebsrat, so ist hierüber rechtzeitig, mindestens 2 Wochen vorher, zwischen Arbeitgeber und Arbeitnehmer eine Vereinbarung zu treffen. Aus zwingenden betrieblichen Gründen oder aus Gründen, die in der Person des Arbeitnehmers liegen, kann von der 2-Wochenfrist abgewichen werden.

3. Die Wochenarbeitszeit wird auf die Tage Montag bis Freitag verteilt. Soweit es betriebliche Belange erfordern, kann auch der Samstag in die Verteilung der Arbeitszeiten einbezogen werden. Dabei soll die 5-Tage-Woche beachtet werden. Durch das Jugendarbeitsschutzgesetz wird für Jugendliche bis zum vollendeten 18. Lebensjahr die Wochenarbeitszeit auf die Tage Montag bis Freitag beschränkt. (§ 16 Jugendarbeitsschutzgesetz).
4. Die Arbeitszeit für Kraftfahrer und Beifahrer im Werks-Güter-Straßenverkehr wird in der Anlage zum Manteltarifvertrag geregelt.
5. Die Verteilung der Wochenarbeitszeit auf die einzelnen Arbeitstage, die Festlegung von Beginn und Ende der täglichen Arbeitszeit und der Pausen erfolgt unter Mitbestimmung des Betriebsrates gemäß § 87 Betriebsverfassungsgesetz.
6. Die Arbeitszeit endet am Tag vor Weihnachten und am Tag vor Neujahr um 14.00 Uhr.

§ 3
Teilzeitbeschäftigte

1. Teilzeitbeschäftigte sind Arbeitnehmer, deren vertraglich vereinbarte Arbeitszeit die tariflich vereinbarte regelmäßige Wochenarbeitszeit unterschreitet.
2. Die betriebliche Arbeitszeit für Teilzeitbeschäftigte ist in Betrieben mit Betriebsrat gemäß § 87 Abs. 1 Ziff. 2 BetrVG durch Betriebsvereinbarung oder in Betrieben ohne Betriebsrat einzelvertraglich zu regeln.
3. Die Teilzeitbeschäftigten sind anteilig an den tariflichen Leistungen zu beteiligen. Die gilt nicht, soweit tariflich etwas anderes vereinbart ist.
4. Teilzeitbeschäftigten sind freiwerdende Vollzeitarbeitsplätze bevorzugt anzubieten.

§ 4
Mehr-, Nacht-, Sonn- und Feiertagsarbeit

1. Mehrarbeit ist die über die regelmäßige wöchentliche Arbeitszeit gemäß § 2 Ziff. 1 MTV angeordnete und geleistete Arbeit.
2. Mehrarbeit ist auch die über gemäß § 2 Ziff. 2 vereinbarte Arbeitszeit hinaus angeordnete und geleistete Arbeit.

3. Nachtarbeit ist die zwischen 21 Uhr und 6 Uhr angeordnete und geleistete Arbeit.
4. Sonn- und Feiertagsarbeit ist die an diesen Tagen zwischen 0 Uhr und 24 Uhr angeordnete und geleistete Arbeit.
5. Arbeitszeit, die auf einen gesetzlichen Wochenfeiertag fällt, gilt als Mehrarbeit.
6. Mehr-, Nacht-, Sonn- und Feiertagsarbeit ist nach Möglichkeit zu vermeiden. Sie kann, wenn sie betriebsnotwendig ist, unter Beachtung der Arbeitszeitverordnung und des Mitbestimmungsrechts gemäß § 87 BetrVG bis zu einer Gesamtarbeitszeit von täglich 10 Stunden auch für die Regelung nach § 2 Ziff. 2 angeordnet werden. Die Arbeitnehmer sind verpflichtet, die im Rahmen dieses Tarifvertrages und der gesetzlichen Bestimmungen angeordnete Mehr-, Nacht-, Sonn- und Feiertagsarbeit zu leisten.
7. Soweit in Notfällen Arbeitnehmer Mehr-, Nacht-, Sonn- und Feiertagsarbeit auf Anordnung leisten, muss die nachträgliche Unterrichtung des Betriebsrates umgehend erfolgen und der Notfall begründet werden.

§ 5
Vergütung der Mehr-, Nacht-, Sonn- und Feiertagsarbeit

1. Die nach § 4 Ziff. 1–4 zuschlagspflichtigen Arbeitsstunden sind mit 1/169 des Monatsentgeltes zuzüglich des tariflichen Zuschlags zu vergüten. Treffen mehrere Zuschläge für die gleiche Arbeitszeit zusammen, ist der jeweils höhere Zuschlag zu zahlen.
   Die Zuschläge beantragen:

a) für Mehrarbeit, die die regelmäßige Wochenarbeitszeit gemäß § 2 Ziff. 1 übersteigt, ab der 43. Wochenstunde	25%
b) für Mehrarbeit ab der 11. Stunde täglich	40%
c) für Mehrarbeit bei der Regelung gemäß § 2 Ziff. 2 ist der Zuschlag von zu bezahlen, wenn eine tägliche Arbeitszeit von 8,5 Stunden im Durchschnitt eines Kalendermonats (5-Tage-Woche) überschritten wird	25%
d) für berufsübliche Nachtschichtarbeit	20%
e) für Nachtarbeit	50%
f) für Sonntagsarbeit	80%
g) für Feiertagsarbeit	125%

2. Monatsgehalt ist das Monatsgehalt/der Monatslohn ausschließlich der Vergütung für Mehr-, Nacht-, Sonn- und Feiertagsarbeit.
3. Eine Pauschalabgeltung der Vergütung für Mehr-, Nacht-, Sonn- und Feiertagsarbeit, entsprechend dem durchschnittlichen Umfang der tatsächlichen zu leistenden zuschlagspflichtigen Arbeit, kann im Einzelfall mit

Zustimmung des Betriebsrates vereinbart werden. Sie ist bei der Entgeltabrechnung gesondert auszuweisen.

4. Im gegenseitigen Einvernehmen ist anstelle der Vergütung der Mehr-Nacht-, Sonn- und Feiertagsarbeit einschließlich der Zuschläge durch zusammenhängende Freizeit abzugelten.
5. Arbeitnehmer im Außendienst (Reisende), die außer einem Fixum noch Provision erhalten, fallen nicht unter diese Bestimmungen, wenn ihre Bezüge das monatliche Tarifentgelt um mindestens 5% überschreiten.
6. Bei Teilzeitbeschäftigten ist Mehrarbeit an Samstagen dann gegeben, wenn für die Vollzeitbeschäftigten Mehrarbeit vorliegt und die Teilzeitbeschäftigten außerhalb ihrer regelmäßigen Arbeitszeit zusätzlich eingeteilt werden.

§ 6
Kurzarbeit

1. Kurzarbeit zur Vermeidung von Entlassungen kann, ohne Rücksicht auf die Kündigungsfristen der einzelnen Arbeitsverträge, mit einer Ankündigungsfrist nach eingehender gemeinsamer Überprüfung mit dem Betriebsrat, soweit ein solcher besteht, von der Geschäftsleitung eingeführt werden. Bei Meinungsverschiedenheiten zwischen der Geschäftsleitung und dem Betriebsrat können die Tarifvertragsparteien binnen 1 Woche angerufen und beigezogen werden. Bei einer Arbeitsbeschränkung, die infolge behördlicher Maßnahmen oder höherer Gewalt notwendig wird, entfällt die Ankündigungsfrist.
2. Wird die Kurzarbeit vorübergehend bis zu höchstens 3 Wochen durch Vollarbeit unterbrochen, ist die Wiederaufnahme der Kurzarbeit nicht von einer vorhergehenden Ankündigung abhängig.

3. MTV Metall- und Elektroindustrie Thüringen (arbeitszeitrechtlicher Auszug)

Zwischen dem
Verband der Metall- und Elektro-Industrie in Thüringen e. V.
und der
Industriegewerkschaft Metall
Bezirksleitung Frankfurt
wird folgender **Gemeinsamer Manteltarifvertrag** geschlossen:

§ 2
Allgemeine Bestimmungen zur Arbeitszeit

1. (Abs. 1) Die tarifliche wöchentliche Arbeitszeit ohne Pausen beträgt 38 Stunden.
   (Abs. 2) Soll für einzelnen Arbeitnehmer die individuelle regelmäßige wöchentliche Arbeitszeit auf bis zu 40 Stunden verlängert werden, bedarf dies der Zustimmung des Arbeitnehmers.
   (Abs. 3) Lehnen Arbeitnehmer die Verlängerung ihrer individuellen regelmäßigen wöchentlichen Arbeitszeit ab, so darf ihnen daraus kein Nachteil entstehen.
   (Abs. 4) Bei der Vereinbarung einer solchen Arbeitszeit bis zu 40 Stunden hat der Arbeitnehmer Anspruch auf eine dieser Arbeitszeit entsprechende Bezahlung.
   (Abs. 5) Die vereinbarte Arbeitszeit kann auf Wunsch des Arbeitnehmers oder des Arbeitgebers mit einer Ankündigungsfrist von 3 Monaten geändert werden. Es sei denn, sie wird einvernehmlich früher geändert. Das Arbeitsentgelt wird entsprechend angepasst.
   (Abs. 6) Der Arbeitgeber teilt dem Betriebsrat jeweils zum Ende eines Kalenderhalbjahres die Arbeitnehmer mit verlängerter individueller regelmäßiger wöchentlicher Arbeitszeit mit, deren Anzahl 13% aller Arbeitnehmer des Betriebes zuzüglich der Angestellten gemäß § 1 Ziffer 3 a) und b) und der leitenden Angestellten nicht übersteigen darf.
2. (Abs. 1) Arbeitnehmer, deren individuelle regelmäßige wöchentliche Arbeitszeit geringer als die tarifliche wöchentliche Arbeitszeit gemäß Ziffer 1 ist, sind Teilzeitbeschäftigte. Teilzeitarbeit wird einzelvertraglich vereinbart.
   (Abs. 2) Wünschen Arbeitnehmer Teilzeitarbeit, so soll dem im Rahmen der betrieblichen Möglichkeiten Rechnung getragen werden.
   (Abs. 3) Arbeitnehmer mit Teilzeitarbeit haben im Rahmen ihres Arbeitsvertrages die gleichen tariflichen Rechte und Pflichten wie Vollzeitbeschäftigte, soweit sich nicht aus den Tarifverträgen etwas anderes ergibt.

(Abs. 4) Teilzeitarbeit soll, sofern sachliche Gründe keine andere Regelung erfordern, so gestaltet werden,

- dass die jeweils gültigen Grenzen der Sozialversicherungspflicht im Rahmen der Kranken-, Renten- und Arbeitslosenversicherung nicht unterschritten werden; ist dies aus betriebsorganisatorischen Gründen nicht möglich oder wünscht der Arbeitnehmer eine kürzere Arbeitszeit, ist der Arbeitnehmer auf mögliche sozialversicherungsrechtliche Folgen schriftlich hinzuweisen,
- dass die tägliche Arbeitszeit mindestens 3 Stunden beträgt und zusammenhängend erbracht werden kann.

(Abs. 5) Davon ausgenommen sind am 1. April 1991 bestehende Arbeitsverhältnisse.

(Abs. 6) Wünschen Arbeitnehmer mit Teilzeitarbeit den Übergang in Vollzeitarbeit oder eine andere Arbeitszeit unterhalb der Vollzeitarbeit, so soll dem Rechnung getragen werden, wenn eine solche Beschäftigung an einem anderen Arbeitsplatz oder mit einer anderen Arbeitszeit am gleichen Arbeitsplatz betrieblich möglich ist.

3. (Abs. 1) Die Verteilung der Arbeitsstunden sowie Beginn und Ende der täglichen Arbeitszeit, einschließlich der Pausen, werden mit dem Betriebsrat festgelegt.

   (Abs. 2) Die individuelle regelmäßige wöchentliche Arbeitszeit kann gleichmäßig oder ungleichmäßig auf 5 Werktage (Montag bis Freitag) verteilt werden. Eine davon abweichende Verteilung kann nach Maßgabe der betrieblichen Erfordernisse mit dem Betriebsrat vereinbart werden. Die wöchentliche Arbeitszeit muss im Durchschnitt von 6 Monaten – im Jahr 1997 und 1998 (Fa 18. 12. 97) von 12 Monaten – erreicht werden. Beginn und Ende des Ausgleichszeitraums sind in der Betriebsvereinbarung über die Arbeitszeitverteilung festzulegen.

   (Abs. 3) Samstagnachmittage und Sonntage sowie der Ostersamstag bleiben arbeitsfrei.)[51]

   (Abs. 4) Dies gilt nicht bei

   a) vollkontinuierlicher Betriebsweise,
   b) kontinuierlicher Arbeitsweise,
   c) Wechselschichtarbeit mit einer Verteilung der regelmäßigen Arbeitszeit auf 2 oder mehr Wochen an Samstagnachmittagen; hierbei bleiben jedoch der Samstag vor Ostern und der Samstagnachmittag vor Pfingsten arbeitsfrei.

---

51 **Protokollnotiz zu § 2 Ziffer 3 GMTV:**
Als Samstagsnachmittag im Sinne des § Ziff. 3 Abs. 3 gilt die Zeit ab 12.00 Uhr. Als Ausnahme zählt auch das Vor- oder Nachholen der regelmäßigen Arbeitszeit gemäß § 4 AZO (jetzt: § 3 ArbZG).

(Abs. 5) Wird hinsichtlich der Arbeitszeit keine Einigung erzielt, so kann eine Einigungsstelle gemäß § 76 BetrVG angerufen werden.

4. (Abs. 1) Aus Anlass der Neufestlegung der Arbeitszeit wird die Auslastung der betrieblichen Anlagen und Einrichtungen nicht vermindert.
(Abs. 2) Bei einer Differenz zwischen Betriebsnutzungszeit und der Arbeitszeit für die einzelnen Arbeitnehmer kann der Zeitausgleich auch in Form von freien Tagen erfolgen. Dabei muss zur Vermeidung von Störungen im Betriebsablauf eine möglichst gleichmäßige Anwesenheit der Arbeitnehmer gewährleistet sein. Bei der Festlegung der freien Tage sind die Wünsche der Arbeitnehmer zu berücksichtigen. Es dürfen nicht mehr als 5 freie Tage zusammengefasst werden.
5. (Abs. 1) Die Arbeitszeit am 24. und 31. Dezember endet möglichst um 12.00 Uhr, spätestens jedoch um 14.00 Uhr.
(Abs. 2) Am 24. und 31. Dezember aufgrund des vorstehenden Absatzes ausfallende Arbeitszeit wird für Arbeiter bis zu 2 Stunden vergütet; dies gilt auch, wenn die vorgenannt zu vergütende Ausfallzeit vor- oder nachgeholt wird. Soweit diese zu vergütende Ausfallzeit vor- oder nachgeholt wird, ist diese Zeit ohne Mehrarbeitszuschlag zu bezahlen. Für Arbeiter mit Monatsentgelt ist für die unbezahlte Ausfallzeit § 13 Ziffer 5 f) anzuwenden.
6. (Abs. 1) Für die aus betrieblichen Gründen sonntags beschäftigten Arbeitnehmer bleibt jeder zweite Sonntag und für geleistete Sonntagsarbeit jeweils ein Werktag arbeitsfrei.
(Abs. 2) Sofern im Mehrschichtbetrieb durch die Regelung des Abs. 1 die regelmäßige wöchentliche Arbeitszeit im Durchschnitt nicht eingehalten werden kann, ist durch Betriebsvereinbarung festzulegen, ob jeder zweite Sonntag oder für die geleistete Sonntagsarbeit jeweils ein Werktag arbeitsfrei bleibt.
7. Für Jugendliche bis zur Vollendung des 18. Lebensjahres gelten die Bestimmungen des Jugendarbeitsschutzgesetzes in seiner jeweils gültigen Fassung, soweit in diesem Vertrag nichts Günstigeres vereinbart wurde.

§ 3
Kurzarbeit

1. Kurzarbeit kann, wenn es die Beschäftigungslage des Betriebes erfordert, nach Abschluss einer Betriebsvereinbarung für die gesamte oder einen Teil der Belegschaft (nicht für einzelne Arbeitnehmer) eingeführt werden. Arbeitszeit im Sinne des § 69 AFG ist die individuelle regelmäßige wöchentliche Arbeitszeit gemäß § 2 Ziffer 1 der von der Kurzarbeit betroffenen Arbeitnehmer.
2. Die Ankündigungsfrist beträgt 14 Kalendertage.
Bei nicht vorhersehbaren Ereignissen beträgt die Ankündigungsfrist eine

Woche. Arbeitgeber und Betriebsrat können einen kürzere Ankündigungsfrist vereinbaren.
Die Ankündigung hat in betriebsüblicher Weise zu erfolgen.

3. Die gemäß Ziffer 2 angekündigte Kurzarbeit kann nur innerhalb einer Frist von 6 Wochen nach Ablauf der Ankündigungsfrist eingeführt werden. Nach Ablauf dieser Karenzfrist ohne Einführung der Kurzarbeit sowie bei einer mindestens sechswöchigen Unterbrechung der Kurzarbeit durch Vollarbeit müssen vor Aufnahme bzw. Weiterführung der Kurzarbeit wiederum die Ankündigungsfristen eingehalten werden.
4. Mit Einführung der Kurzarbeit erfolgt für die betroffenen Arbeitnehmer eine entsprechende Verdienstminderung, wenn die jeweils individuelle regelmäßige wöchentliche Arbeitszeit im Durchschnitt der vereinbarten Kurzarbeitsperiode weniger als 90% beträgt. Unterbrechungen der Kurzarbeitsperiode durch Vollarbeit bleiben bei der Durchschnittsberechnung unberücksichtigt.[52]

§ 4
Mehr-, Wechselschicht-, Nacht-, Sonntags- und Feiertagsarbeit

1. Mehrarbeit ist
   - bei Vollzeitbeschäftigung die über die individuelle regelmäßige wöchentliche Arbeitszeit (§ 2 Ziffer 1) in der Woche,
   - bei ungleichmäßiger Verteilung der individuellen regelmäßigen wöchentlichen Arbeitszeit (§ 2 Ziffern 3 und 4) die über die jeweils festgelegte Wochenarbeitszeit,
   - bei Arbeitern mit Arbeitsbereitschaft die im Falle des § 5 Ziffer 1 a) über 44 Stunden in der Woche bzw. im Fall des § 5 Ziffer 1b) über 50 Stunden in der Woche,
   - bei Teilzeitbeschäftigten die über die tarifliche wöchentliche Arbeitszeit von 38 Stunden

   hinausgehende Arbeitszeit.

---

52 **Protokollnotiz zu § 3 Ziffer 4.:**
a) Die vereinbarte Kurzarbeitsperiode im Sinne des § 3 Ziffer 4 ist der jeweilige KUG-Gewährungszeitraum (§ 64 Absatz 1 Ziffer 3 in Verbindung mit § 72 Absatz 2 AFG) innerhalb des zwischen Arbeitgeber und Betriebsrat vereinbarten Kurzarbeitszeitraums.
b) Die 90% des § 3 Ziffer 4 entsprechen bei Arbeitnehmern mit Arbeitsbereitschaft gemäß § 5 Ziffer 1 a) 39 Stunden – bzw. gemäß Ziffer 1 b) 44 Stunden.
c) Zur Berechnung der Wochenarbeitszeit im Sinne des § 3 Ziffer 4 Satz 1 (90%) werden bei Arbeitnehmern, die bezahlten oder unbezahlten Urlaub haben oder bei denen aus sonstigen Gründen die Arbeitspflicht entfällt, diese Tage mit der Anzahl der Kurzarbeitsstunden in Ansatz gebracht.

Soweit ein Arbeitnehmer Arbeitszeit entschuldigt versäumt hat, ist bei der Berechnung der Mehrarbeit in der gleichen Woche die individuelle regelmäßige wöchentliche Arbeitszeit zu vermindern. Dies gilt nicht für Arbeitsversäumnisse, die mit Zustimmung des Arbeitgebers auf besonderen Wunsch der Arbeiters zur Erledigung von Privatangelegenheiten eintritt.

2. Mehrarbeit kann mit Zustimmung des Betriebsrates bis zu 10 Mehrarbeitsstunden in der Woche und bis zu 20 Stunden im Monat bis zu 8 Wochen angeordnet werden. Durch Betriebsvereinbarung kann für einzelnen Arbeitnehmer oder Gruppen von Arbeitnehmern ein Mehrarbeitsvolumen von mehr als 20 Stunden im Monat zugelassen werden. Nach Ablauf von 8 Wochen ist erforderlichenfalls eine erneute Vereinbarung mit dem Betriebsrat zu treffen.
   In außergewöhnlichen Bedarfsfällen kann mit Zustimmung des Betriebsrates für einzelne Abteilungen oder Gruppen die Arbeitszeit über die in Absatz 1 festgelegte Stundenzahl hinaus bis zu 6 weiteren Stunden wöchentlich für bis zu 3 Wochen verlängert werden.[53]
   Soweit in unvorhergesehenen Bedarfsfällen einzelne Arbeitnehmer zur Mehrarbeit herangezogen werden müssen, ist der Betriebsrat unverzüglich zu verständigen.
   Mehrarbeit bis 16 Stunden im Monat kann im einzelnen Fall auch durch bezahlte Freistellung von der Arbeit ausgeglichen werden. Bei mehr als 16 Mehrarbeitsstunden im Monat kann der Arbeitnehmer die Abgeltung durch bezahlte Freistellung von der Arbeit verlangen, soweit dem nicht dringende betriebliche Belange entgegenstehen. Der Freizeitausgleich hat in den folgenden 3 Monaten zu erfolgen.
   Mehrarbeitszuschläge sind grundsätzlich in Geld zu vergüten.
3. Wechselschichtarbeit liegt vor, wenn in
   a) 2 Schichten (z. B. Früh- und Spätschicht),
   b) 3 Schichten (Früh-, Spät- und Nachtschicht)

   in regelmäßigem Wechsel gearbeitet wird.
   Im Zweischichtbetrieb liegt Spätschichtarbeit vor, wenn mindestens 6 Stunden in der Zeit nach 14.00 Uhr gearbeitet wird.
   Nachtschicht liegt vor, wenn mindestens 6 Stunden in der Zeit von 20.00 bis 6.00 Uhre gearbeitet wird.
   Wechselschichtarbeit kann eingeführt werden im Einvernehmen mit dem Betriebsrat mit einer Ankündigungsfrist von mindestens 3 Tagen zum Wochenbeginn für eine Mindestdauer von 2 Wochen bei Doppelschicht und

---

53 **Protokollnotiz**
Die in § 4 Ziffer 2 Absatz 1 und 2 festgelegte Möglichkeit von Mehrarbeit beruht auf § 7 AZO vom 30. April 1938.
Anm.: An die Stelle von § 7 Abs. AZO ist § 3 Satz 2 ArbZG getreten.

3 Wochen bei 3 Schichten.
In Wechselschichten ohne feste Pausen ist den Arbeitnehmern zur Einnahme des Essens ausreichend Zeit ohne Verdienstabzug zu gewähren. Das Nähere regelt die Arbeitsordnung der Betriebe.

4. Nachtarbeit ist die in der Zeit zwischen 20.00 und 6.00 Uhr geleistete Arbeit, bei Nachtschichtarbeit auch die außerhalb des vorgenannten Zeitraumes liegende Arbeitszeit.
   Regelmäßige Nachtarbeit liegt vor, wenn sie für den Zeitraum von mindestens einer Arbeitswoche durchgeführt wird. Die Ansagefrist beträgt mindestens 24 Stunden.
5. Sonntags- und Feiertagsarbeit ist
   a) an Sonntagen und Feiertagen zwischen 0.00 bis 24.00 Uhr geleistete Arbeit;
   b) die am darauffolgenden Tag bis 6.00 Uhr geleistete Arbeit, soweit die Arbeit bereits am Sonntag oder Feiertag begonnen hat.

   Beginn und Ende der Sonntags- und Feiertagsarbeit bei Wechselschichten sind im Rahmen der gesetzlichen Bestimmungen im Einvernehmen mit dem Betriebsrat so festzulegen, dass jeweils die vollen Schichten zuschlagsfrei oder zuschlagspflichtig sind.
6. Notwendige Mehr-, Schicht-, Nacht-, Sonntags- und Feiertagsarbeit ist zwischen Arbeitgeber und Betriebsrat festzulegen und ist zu leisten, wobei berechtigte Wünsche der Arbeitnehmer nach Möglichkeit berücksichtigt werden.

§ 5
Arbeitsbereitschaft und Rufbereitschaft

1. a) Für Maschinisten, Heizer, Kraftfahrer, Beifahrer, Sanitäter u. ä. Arbeiter beträgt die regelmäßige wöchentliche Arbeitszeit 44 Stunden – wenn im Durchschnitt von 6 Wochen die Arbeitsbereitschaft mindestens 20% der regelmäßigen Arbeitszeit nach § 2 Ziffer 1 Absatz 1 beträgt. Die Arbeitszeit darf täglich 10 Stunden nicht überschreiten.
   Für LKW-Fahrer und Beifahrer im Werkfernverkehr gelten hinsichtlich der zulässigen Höchstarbeitszeit die gesetzlichen Sonderregelungen.
   i. Für Angehörige von Werkwachen und Werkfeuerwehren sowie für Pförtner u. ä. Arbeiter beträgt die regelmäßige wöchentliche Arbeitszeit 50 Stunden, wenn im Durchschnitt von 6 Wochen die Arbeitsbereitschaft wenigstens 30% der regelmäßigen Arbeitszeit gemäß § 2 Ziffer 1 Absatz 1 beträgt. Die Arbeitszeit darf täglich 12 Stunden nicht überschreiten. Bei Schichtplänen mit anderweitiger Verteilung der Arbeitszeit kann die tägliche Arbeitszeit auf über 12 Stunden verlängert werden.

ii. Arbeitsbereitschaft ist die Zeit, in der der Arbeiter sich bei wacher Aufmerksamkeit im Zustand der Entspannung in seinem Arbeitsbereich aufhält und in der Lage ist, sofort die seiner Arbeitsaufgabe entsprechende Tätigkeit aufzunehmen.
Das Beobachten von Produktionsanlagen gilt nicht als Arbeitsbereitschaft.
iii. Den Arbeitern mit Arbeitsbereitschaft ist die Dauer ihrer regelmäßigen Arbeitszeit schriftlich mitzuteilen.
2. Arbeitnehmer, die nicht im Betrieb anwesend zu sein brauchen, sich aber für einen eventuellen Einsatz bereithalten müssen (Rufbereitschaft), erhalten für diese Zeit eine Vergütung.
Der Personenkreis, der Zeitraum und die Grundsätze der Vergütung sind durch Betriebsvereinbarung zu regeln.

§ 6
Zuschläge

1. Der Zuschlag beträgt bei

a) Mehrarbeit	
– für die 1. – 6. Mehrarbeitsstunde pro Woche	25%
– für die 7. und 8 Mehrarbeitsstunde pro Woche	40%
– ab der 9. Mehrarbeitsstunde pro Woche	50%
b) Spätschichtarbeit im Rahmen von Wechselschichtarbeit	
– für die volle Spätschicht	10%
Der Zuschlag für Spätschichtarbeit ab 20.00 Uhr wird als Zuschlag für Nachtarbeit (§ 4 Ziffer 4 gezahlt).	
c) Nachtarbeit	
– für regelmäßige Nachtarbeit	25%
– für den Fall, dass die Ansagefrist (§ 4 Ziffer 4 Absatz 2) nicht eingehalten werden kann, ist für die erste Nacht ein Zuschlag zu zahlen von	50%
– für Nachtschichtarbeit im Rahmen von Wechselschichtarbeit (§ 4 Ziffer 3 Absatz 3) – für die volle Nachtschicht (§ 4 Ziffer 4 Absatz 1)	25%
– für Nachtarbeit – einschließlich Nachtschichtarbeit –, die zugleich Mehrarbeit von der 1. – 6. Stunde pro Woche ist	40%
– für unregelmäßige Nachtarbeit und Nachtarbeit einschließlich Nachtschichtarbeit –, die zugleich Mehrarbeit ab der 7. Stunde pro Woche ist	50%
d) Sonntags- und Feiertagsarbeit	
– für Sonntagsarbeit und für Arbeiten am 24. und 31. Dezember ab 14.00 Uhr	70%

– für Arbeiten an gesetzlichen Feiertagen, an denen keine Arbeit ausfällt, sowie am 24. und 31. Dezember ab 20.00 Uhr 100%
– für Arbeiten an gesetzlichen Feiertagen, an denen die Arbeit ausfällt 150%

4. Allgemeinverbindlicher Bundesrahmentarifvertrag für das Baugewerbe (arbeitszeitrechtliche Auszüge)

§ 3
Arbeitszeit

1. Allgemeine Regelung

1.1 Durchschnittliche Wochenarbeitszeit

Die durchschnittliche regelmäßige Wochenarbeitszeit im Kalenderjahr beträgt 39 Stunden.

1.2 Tarifliche Arbeitszeit

In der Zeit von der 1. bis zur 12. Kalenderwoche sowie von der 44. Kalenderwoche bis zum Jahresende beträgt die werktägliche Arbeitszeit ausschließlich der Ruhepausen montags bis freitags 7,5 Stunden, die wöchentliche Arbeitszeit 37,5 Stunden (Winterarbeitszeit).

In der Zeit von der 13. bis zur 43. Kalenderwoche beträgt die regelmäßige werktägliche Arbeitszeit einschließlich der Ruhepausen montags bis Freitags 8 Stunden, die wöchentliche Arbeitszeit 40 Stunden (Sommerarbeitszeit).

1.3 Arbeitszeitausgleich innerhalb von zwei Wochen

Die nach betrieblicher Regelung an einzelnen Werktagen ausfallende Arbeitszeit kann durch Verlängerung der Arbeitszeit ohne Mehrarbeitszuschlag an anderen Werktagen innerhalb von zwei Kalenderwochen ausgeglichen werden (zweiwöchiger Arbeitszeitausgleich). Die Wochenarbeitszeit kann somit nach den betrieblichen Erfordernissen und den jahreszeitlichen Lichtverhältnissen im Einvernehmen zwischen Arbeitgeber und Betriebsrat oder, wenn kein Betriebsrat besteht, im Einvernehmen mit dem Arbeitnehmer auf die Werktage verteilt werden.

1.4 Betriebliche Arbeitszeitverteilung in einem zwölfmonatigen Ausgleichszeitraum

1.41 Durchführung

Durch Betriebsvereinbarung oder, wenn kein Betriebsrat besteht, durch einzelvertragliche Vereinbarung kann für einen Zeitraum von zwölf zusammenhängenden Lohnabrechnungszeiträumen (zwölfmonatiger Ausgleichszeitraum) eine von der tariflichen Arbeitszeitverteilung abweichende Verteilung der Arbeitszeit auf die einzelnen Werktage ohne Mehrarbeitszuschlag vereinbart werden, wenn gleichzeitig ein Monatslohn nach Nr. 1.42 gezahlt wird. Aus dieser Betriebsvereinbarung bzw. einzelvertraglichen Vereinbarung muss sich ergeben, in welcher Form und mit welcher Ankündigungsfrist die jeweilige werktägliche Arbeitszeit festgelegt wird.

Der Arbeitgeber kann innerhalb von zwölf Kalendermonaten 150 Arbeitsstunden vor- und 50 Arbeitsstunden nacharbeiten lassen. Die Lage und die Verteilung dieser Arbeitsstunden im Ausgleichszeitraum ist im Einvernehmen mit dem Arbeitnehmer festzulegen.

1.42 **Monatslohn**

Bei betrieblicher Arbeitszeitverteilung wird während des gesamten Ausgleichszeitraumes unabhängig von der jeweiligen monatlichen Arbeitszeit in den Monaten April bis Oktober ein Monatslohn in Höhe von 174 Gesamttarifstundenlöhnen und in den Monaten November bis März ein Monatslohn in Höhe von 162 Gesamttarifstundenlöhnen gezahlt.

Der Monatslohn mindert sich um den Gesamttarifstundenlohn für diejenigen Arbeitsstunden, welche infolge von Urlaub, Krankheit, Kurzarbeit, Zeiten ohne Entgeltfortzahlung, Zeiten unbezahlter Freistellung und Zeiten unentschuldigten Fehlens ausfallen; er mindert sich auch für diejenigen Ausfallstunden, die infolge zwingender Witterungsgründe ausfallen, soweit kein Ausgleich über das Ausgleichskonto erfolgt. Soweit für diese Zeiten eine Vergütung oder Lohnersatzleistung erfolgt, wird diese neben dem verminderten Monatslohn ausgezahlt.

Bei gesetzlichen Wochenfeiertagen und bei Freistellungstagen (§ 4 Nr. 3) sind für jeden Ausfalltag in der Sommerarbeitszeit acht Gesamttarifstundenlöhne und in der Winterarbeitszeit 7,5 Gesamttarifstundenlöhne zu zahlen; um diesen Betrag mindert sich der Monatslohn.

1.43 **Arbeitszeit- und Entgeltkonto (Ausgleichskonto)**

Für jeden Arbeitnehmer wird ein individuelles Ausgleichskonto eingerichtet. Auf diesem Ausgleichskonto ist die Differenz zwischen dem Lohn für die tatsächlich geleisteten Arbeitsstunden und dem nach Nr. 1.42 errechneten Monatslohn für jeden Arbeitnehmer gutzuschreiben bzw. zu belasten. Lohn für Leistungslohn-Mehrstunden darf nicht einbehalten und gutgeschrieben werden. Die Frage einer Verzinsung des Guthabens ist betrieblich zu regeln.

Das Arbeitszeitguthaben und der dafür einbehaltene Lohn dürfen zu keinem Zeitpunkt 150 Stunden, die Arbeitszeitschuld und der dafür bereits gezahlte Lohn dürfen zu keinem Zeitpunkt 50 Stunden überschreiten. Wird ein Guthaben für 150 Stunden erreicht, so ist der Lohn für die darüber hinausgehenden Stunden neben dem Monatslohn auszuzahlen.

Auf dem Ausgleichkonto gutgeschriebener Lohn darf nur zum Ausgleich für den Monatslohn, als Winterausfallgeld-Vorausleistung für bis zu 120 Stunden bei witterungsbedingtem Arbeitsausfall in der Schlechtwetterzeit, bei witterungsbedingtem Arbeitsausfall außerhalb der Schlechtwetterzeit, am Ende des Ausgleichszeitraumes oder bei Ausscheiden des Arbeitnehmers bzw. im Todesfall ausgezahlt werden.

Das Ausgleichskonto soll nach zwölf Kalendermonaten ausgeglichen sein. Besteht am Ende des Ausgleichszeitraumes noch ein Guthaben, das nicht mehr durch arbeitsfreie Tage ausgeglichen werden kann, so sind die Guthabenstunden abzugelten. Durch freiwillige Betriebsvereinbarung oder einzelvertragliche Vereinbarung können die dem Guthaben zugrundeliegenden Vorarbeitsstunden und das dafür gutgeschriebenen Arbeitsentgelt unter Anrechnung auf das zuschlagsfreie Vorarbeitsvolumen des neuen Ausgleichszeitraumes ganz oder teilweise in diesen übertragen werden. In einer solchen Betriebsvereinbarung muss dem Arbeitnehmer ein Anspruch auf Auszahlung seines Guthabens eingeräumt werden; dieser muss bis zum Ende des laufenden Ausgleichszeitraumes schriftlich geltend gemacht werden.

Besteht am Ende des Ausgleichszeitraumes eine Zeitschuld, so ist diese in den nächsten Ausgleichszeitraum zu übertragen und in diesem auszugleichen. Bei Ausscheiden des Arbeitnehmers sind etwaige Guthaben oder Schulden auszugleichen.

1.44 **Absicherung des Ausgleichskontos**

Durch den Arbeitgeber ist in geeigneter Weise auf seine Kosten sicherzustellen, dass das Guthaben jederzeit bestimmungsgemäß ausgezahlt werden kann, insbesondere durch Bankbürgschaft, Sperrkonto mit treuhänderischen Pfandrechten oder Hinterlegung bei der Urlaubs- und Lohnausgleichskasse der Bauwirtschaft. Die Absicherung des Guthabens muss, sofern der Betrag nicht nach Abführung von Steuern und Sozialaufwand als Nettolohn zurückgestellt wird, den Bruttolohn und 45 v.H. des Bruttolohnes für den Sozialaufwand umfassen. Auf Verlangen einer der Landesorganisationen der Tarifvertragsparteien ist dieser gegenüber die Absicherung des Ausgleichskontos nachzuweisen. Erfolgt dieser Nachweis nicht, so ist das Guthaben an den Arbeitnehmer auszuzahlen; die Vereinbarung über die betriebliche Arbeitszeitverteilung tritt zu diesem Zeitpunkt außer Kraft.

1.5 **Beginn und Ende der täglichen Arbeitszeit**

Beginn und Ende der täglichen Arbeitszeit einschließlich der Pausen werden vom Arbeitgeber im Einvernehmen mit dem Betriebsrat festgelegt.

1.6 **Nachholen von Ausfallstunden**

Durch Witterungseinflüsse ausgefallene Arbeitsstunden können in Betrieben, in denen keine betriebliche Arbeitszeitverteilung nach Nr. 1.4 vereinbart wurde, innerhalb der folgenden 24 Werktage im Einvernehmen mit dem Betriebsrat oder, wenn kein Betriebsrat besteht, im Einvernehmen mit dem Arbeitnehmer nachgeholt werden, soweit kein Ausgleich nach § 4 Nr. 5.4 erfolgte. Für jede Nachholstunde ist der Mehrarbeitszuschlag zu zahlen.

1.7 **Hinzuziehung der Organisationsvertreter**

Ist eine Einigung über die Verteilung der Arbeitszeit nach Nr. 1.3 und Nr. 1.4 nicht zu erzielen, so sind die Organisationsvertreter hinzuziehen, um eine Einigung herbeizuführen.

2. Spezielle Regelungen

2.1 **Wochenarbeitszeit für Maschinen- und Kraftwagenpersonal**

Die regelmäßige Arbeitszeit für das Maschinenpersonal darf wöchentlich bis zu vier Stunden, diejenigen für Kraftwagenfahrer und Beifahrer bis zu fünf Stunden über die nach Nr. 1.2 jeweils maßgebliche wöchentliche Arbeitszeit hinaus verlängert werden. Nr. 1.4 gilt entsprechend. Für Kraftwagenfahrer und Beifahrer darf der reine Dienst am Steuer acht Stunden täglich nicht überschreiten. Außerdem gelten die gesetzlichen Vorschriften.

Wochenarbeitszeit für Bewachungspersonal, Pförtner, Sicherungsposten und Küchenpersonal

Die regelmäßige Arbeitszeit

2.2.1 der Barackenwärter, des Küchenpersonals und der Sicherungsposten kann wöchentlich bis zu fünf Stunden,

2.2.2 des Büro-, Gelände und Baustellenüberwachungspersonals, der Pförtner und Pumpenwärter wöchentlich bis zu zehn Stunden

kann über die nach Nr. 1.2 jeweils maßgebliche wöchentliche Arbeitszeit hinaus verlängert werden. Nr. 1.4 gilt entsprechend.

3. Arbeitszeit in fachfremden Betrieben

Werden Bauarbeiten in einem fachfremden Betrieb, für den eine andere Arbeitszeitregelung als für das Baugewerbe gilt, durchgeführt, so kann die Arbeitszeit der des fachfremden Betriebes angepasst werden.

4. Beginn und Ende der Arbeitszeit an der Arbeitsstelle

Die Arbeitszeit beginnt und endet an der Arbeitsstelle, sofern zwischen Arbeitgeber und Arbeitnehmer keine andere Vereinbarung getroffen wird. Bei Baustellen von größerer Ausdehnung beginnt und endet die Arbeitszeit an der vom Arbeitgeber im Einvernehmen mit dem

Betriebsrat zu bestimmenden Sammelstelle. Kommt eine Einigung im Falle des Satzes 2 nicht zustande, so sind vor Anrufung der tariflichen Schlichtungsstelle die Organisationsvertreter zu hören.

5. Überstunden (Mehrarbeit), Nachtarbeit, Sonn- und Feiertagsarbeit

5.1 **Überstunden**

Überstunden (Mehrarbeit) sind

5.11 bei tariflicher Arbeitszeitverteilung nach Nr. 1.2 die über die regelmäßige werktäglicher Arbeitszeit hinaus geleisteten Arbeitsstunden; bei zweiwöchigem Arbeitszeitausgleich nach Nr. 1.3 die über die jeweils vereinbarte werktägliche Arbeitszeit hinaus geleisteten Arbeitsstunden; bei den in Nr. 2.2 genannten Arbeitnehmern bleibt die über die nach Nr. 1.2 maßgebliche wöchentliche Arbeitszeit hinausgehende Arbeitszeit bis zu fünf Stunden zuschlagsfrei, soweit es sich um Vor- und Abschlussarbeiten handelt oder in die Arbeitszeit Arbeitsbereitschaft hineinfällt;

5.12 bei betrieblicher Arbeitszeitverteilung nach Nr. 1.4 die nach Nr. 1.43 Abs. 1 auf dem Ausgleichskonto gutgeschriebenen Arbeitsstunden; dabei bleiben die ersten 150 Überstunden innerhalb von zwölf Kalendermonaten zuschlagsfrei;

5.13 bei betrieblicher Arbeitszeitverteilung nach Nr. 1.4 die nach Nr. 1.43 Abs. 2 neben dem Monatslohn zu vergütenden Arbeitsstunden;

5.14 ferner die auf dem Ausgleichskonto zu folgenden Zeitpunkten noch bestehenden Guthabenstunden: Ende des Ausgleichszeitraumes, soweit die Guthabenstunden nicht nach Nr. 1.43 Abs. 4 in den neuen Ausleichszeitraum übertragen werden. Ausscheiden des Arbeitnehmers aufgrund betriebsbedingter Kündigung oder Ablauf eines befristeten Arbeitsverhältnisses.

Soweit bereits ein Zuschlag nach Nr. 5.12 oder 5.13 gezahlt wurde, entfällt bei Ausscheiden des Arbeitnehmers oder am Ende des Ausgleichszeitraumes der Zuschlag nach Nr. 5.14.

5.2 **Nachtarbeit**

Als Nachtarbeit im Sinne der Zuschlagsbestimmungen (Nr. 6) gilt die in der Zeit von 20.00 Uhr bis 5.00 Uhr,
bei 2-Schichten-Arbeit die in der Zeit von 22.00 Uhr bis 6.00 Uhr,
bei 3-Schichten-Arbeit die in der Zeit der Nachtsicht
geleistete Arbeit.

5.3 **Sonn- und Feiertagsarbeit**

Sonn- und Feiertagsarbeit ist die an Sonn- und Feiertagen in der Zeit von 0.00 bis 24.00 Uhr geleistete Arbeit.

Werden Pförtner, Köche, Küchen-, Kantinen-, Lager- und Bewachungspersonal regelmäßig an Sonn- und Feiertagen beschäftigt, so ist ihnen in jeder Woche als Ausgleich eine zusammenhängende Freizeit von 24 Stunden zu gewähren. Die Freizeit ist so zu legen, dass der Arbeitnehmer entweder an jedem zweiten Sonntag mindestens in der Zeit von 6.00 bis 18.00 Uhr oder in jeder dritten Woche den ganzen Sonntag arbeitsfrei bleibt; im letzteren Fall muss jedoch die zusammenhängende Freizeit in der dritten Woche auf 36 Stunden verlängert werden.

5.4 **Anordnung von Mehr, Nacht-, Sonn- und Feiertagsarbeit**

Bei dringenden betrieblichen Erfordernissen kann Mehr-, Nacht-, Sonn- und Feiertagsarbeit im Einvernehmen mit dem Betriebsrat angeordnet werden. Dabei darf die tägliche Arbeitszeit zehn Stunden nicht überschreiten, wenn nicht die in § 15 Arbeitszeitgesetz vorgesehne Zustimmung der Aufsichtsbehörde vorliegt. Die vorstehenden Bestimmungen dürfen nicht missbräuchlich ausgenutzt werden.

6. Zuschläge

6.1 **Höhe der Zuschläge**

Für Überstunden (Mehrarbeit), Nachtarbeit, Sonn- und Feiertagsarbeit sind die folgenden Zuschläge zu zahlen; sie betragen

6.11	für Überstunden (Mehrarbeit)	25 v.H.,
6.12	für Nachtarbeit	20 v.H.,
6.13	für Arbeit an Sonntagen sowie an gesetzlichen Feiertagen, sofern diese auf einen Sonntag fallen	75 v.H.,
	am 1. Mai und 1. Weihnachtsfeiertag, auch wenn sie auf einen Sonntag fallen,	200 v.H.,
	für Arbeit an allen übrigen gesetzlichen Feiertagen, sofern sie nicht auf einen Sonntag fallen	200 v.H.

des Gesamttarifstundenlohnes.

6.2 **Sonderregelung für Bewachungspersonal und Pförtner**

Auf die in Nr. 6.12 und in 6.13 geregelten Zuschläge haben das Bewachungspersonal und die Pförtner keinen Anspruch; sie erhalten jedoch für die am Oster- und Pfingstsonntag, am 1. Mai und 1. Weihnachtsfeiertag geleisteten 100 v. H. des Gesamttarifstundenlohnes. Dieser Zuschlag entfällt, wenn für den Feiertag ein bezahlter freier Tag gewährt wird.

6.3 **Zusammentreffen mehrerer Zuschläge**

Fallen in die Nachtarbeit gleichzeitig Überstunden, so sind beide Zuschläge zu zahlen.

Soweit an Sonn- und Feiertagen über die nach Nrn. 1.2 bis 1.4 jeweils maßgebliche regelmäßige wöchentliche Arbeitszeit hinaus gearbeitet wird, gelten diese Stunden als Überstunden im Sinne dieses Tarifvertrages, für das Maschinenpersonal, die Kraftfahrer und Beifahrer jedoch in der Sommerarbeitszeit bereits für alle über 40 und in der Winterarbeitszeit für alle aber 37,5 Stunden hinaus geleisteten Arbeitsstunden. Der Zuschlag dafür ist neben dem Sonn- oder Feiertagszuschlag zu zahlen. Wird Nachtarbeit an Sonn- und Feiertagen geleistet, so ist der Nachtarbeitszuschlag neben dem Sonn- und Feiertagszuschlag zu zahlen; sind diese Nachtarbeitsstunden gleichzeitig Überstunden, so gelten somit drei Zuschläge.

V. Betriebsvereinbarung über Arbeitszeitregelung aufgrund einer Einigungsstellen-Entscheidung

§ 1
Geltungsbereich

Diese Vereinbarung gilt für alle Angestellten, die im Pflege- und sozialen Dienst in der Seniorenzentrum Arnstadt GmbH beschäftigt sind, mit Ausnahme der Pflegedienst-Leitung (künftig PDL) und der Heimleitung.

§ 2
Arbeitsform

Für die Mitarbeiter in der Pflege wird der Wechselschichtdienst vereinbart. Die Mitarbeiter des sozialen Dienstes arbeiten im Tagesdienst. Um eine gleichmäßige Heranziehung der Arbeitnehmer zu den Diensten zu gewährleisten, wird ein Dienstplan aufgestellt.

§ 3
Arbeitszeit

Die Arbeitnehmer sind grundsätzlich gleichmäßig zu den einzelnen Schichten heranzuziehen. Insbesondere bei den Diensten an Wochenenden (Samstag und/oder Sonntag), an Feiertagen und im Nachtdienst sind die Arbeitnehmer in gleichem Umfang zu berücksichtigen.

Von einer ungleichmäßigen Einteilung ist dann auszugehen, wenn die Zahl der Dienste an Samstagen, Sonntagen und Feiertagen zwischen den einzelnen Arbeitnehmern um mehr als 3 im Quartal differiert.

Die Berechnung der durchschnittlichen regelmäßigen wöchentlichen Arbeitszeit erfolgt in 6 Kalendermonaten (Ausgleichszeitraum). Die Stunden, die über die geplante wöchentliche Arbeitszeit hinaus angeordnet werden, werden wie Überstunden vergütet bzw. ausgeglichen. Der Arbeitnehmer kann auch bestimmen, dass diese Zeiten im folgenden Ausgleichszeitraum als Arbeitszeitguthaben verrechnet werden. Eine entsprechende Erklärung muss dem Arbeitgeber spätestens 3 Monate vor Ende des Ausgleichszeitraums schriftlich zugehen.

Der vollzeitbeschäftigte Arbeitnehmer kann *pro Quartal einmalig* zu einer kürzeren Arbeitszeit herangezogen werden, um zu vermeiden, dass der Arbeitgeber am Ende des Ausgleichszeitraums in Annahmeverzug gerät, weil er den Arbeitnehmer nicht zu einer Vollzeitschicht einteilen kann.

Jeder teilzeitbeschäftigte Mitarbeiter kann einmal wöchentlich zu einer Vollzeitschicht (7,5 Std.) herangezogen werden, um seine individualvertraglich geschuldete Arbeitszeit zu erfüllen.

§ 4
Dienstzeit

a) Für die vollzeitbeschäftigten Mitarbeiter des Pflegedienstes werden die aus der Anlage ersichtlichen Dienstzeiten festgelegt:

b) Für Mitarbeiter der sozialen Dienste wird die 5 Tage-Woche – von Montag bis Samstag – vereinbart.
Es wird festgelegt, dass in den Frühschichten 2 Mitarbeiter und in der Spätschicht 1 Mitarbeiter eingeteilt wird.
Es gelten folgende Dienstzeiten:

Mo–Sa	Frühdienst:	08.00–16.30 Uhr
	Spätdienst	10.30–19.00 Uhr
Pausenzeit	Frühdienst:	12.00–12.30 Uhr
	Spätdienst:	14.30–15.00 Uhr

Jeder Mitarbeiter wird nicht mehr als jeden 3 Samstag zur Frühschicht eingeteilt. Eine Einteilung zum Spätdienst erfolgt am Samstag nicht.

c) Für Teilzeitbeschäftigte gilt die 5-Tage-Woche mit den aus der Anlage ersichtlichen Dienstzeiten.

d) Im Rahmen dieser Dienstzeiten hat der Dienstplaner die Möglichkeit, die Beschäftigten nach den betrieblichen Erfordernissen nach Maßgaben dieser Betriebsvereinbarung einzusetzen.

§ 5
Pausenregelung

a) Der Arbeitsablauf im Pflegebereich ist so zu gestalten, dass die Gewährung ungestörter Pausen für die Dienstkräfte in allen Dienstarten möglich ist. Die Pausenzeiten sind dem jeweiligen organisatorischen Ablauf nicht nur eines Wohnbereiches, sondern der gesamten pflegerischen Aufgabe des Heimes anzupassen. Dazu werden pro Schicht 2 Pausenblöcke eingerichtet. In der Nachtschicht werden 3 Pausenblöcke festgelegt.

b) Die Ruhepause beträgt im Tagdienst ab einer ununterbrochenen Arbeitszeit von 6 Stunden 30 Minuten.
Im Nachtdienst beträgt die Ruhepause 30 Minuten.

c) Pausenblöcke

F-Schicht	10.00–10.30 Uhr	10.30 11.00 Uhr
S-Schicht	16.00–16.30 Uhr	16.30–17.00 Uhr
Z-Schicht	15.00–15.30 Uhr	15.30–16.00 Uhr
N-Schicht	01.00–01.30 Uhr	01.30–02.00 Uhr
	02.00–02.30 Uhr	

d) Die Durchführung der Pausen hat so zu erfolgen, dass zur Gewährleistung der Betreuung der Bewohner nicht alle Pflegekräfte zeitgleich in die Pause gehen.
e) Die Festlegung der Pausen innerhalb der vorbezeichneten Blöcke erfolgt unter Berücksichtigung der Bedürfnisse der Heimbewohner und der Interessen der Mitarbeiter durch die Schichtleitung.

§ 6
Dienstfreie Tage

a) Jeder Mitarbeiter/jede Mitarbeiterin hat pro Kalenderjahr mindestens 20 arbeitsfreie Sonntage. Jedenfalls jeder 3. Sonntag ist arbeitsfrei. Dieser Sonntag ist mit einem arbeitsfreien Samstag gemeinsam zu gewähren.
b) Es dürfen maximal 10 Kalendertage hintereinander gearbeitet werden.
c) Im Bereich der Nachtdienste ist maximal sieben Nächte hintereinander zu arbeiten.

§ 7
Dienstplan

a) Für die Dienstplangestaltung wird pro Wohnbereich für die Mitarbeiter der Pflege ein Dienstplan nach beigefügtem Muster verwendet.
b) Der Dienstplan wird von der WBL, im Vertretungsfalle von der stellvertretenden WBL, selbständig für ihren Wohnbereich quartalsweise jeweils bis zum 10. März, Juni, September und Dezember für das übernächste Quartal erstellt. Dabei ist folgendermaßen vorzugehen:
   (1) Ausfüllen des Kopfes des Formulars:
   Geltungszeitraum
   Name der Einrichtung
   Arbeitsbereich
   Name der Wohnbereichsleitung
   Erstellungsdatum
   Unterschrift des Erstellers
   (2) Dienstzeitenlegende nach Maßgaben der Ziffer 4. dieser Betriebsvereinbarung
   (3) Eintragung der tatsächlich auf dem entsprechenden Wohnbereich eingesetzten Mitarbeiter/innen mit:
   Name, Vorname
   Qualifikation
   Stellenbenennung
   Wochenarbeitszeit
   Unterschrift und Handzeichen entfallen.

(4) Reihenfolge der Mitarbeiter/innen:
- Wohnbereichsleitung
- stellvertretende Wohnbereichsleitung
- alle examinierten Mitarbeiter/innen abgestuft nach der jeweiligen Arbeitszeit
- Pflegehilfskräfte abgestuft nach der wöchentlichen Arbeitszeit
- Schüler/Praktikanten/Zivildienstleistender/FSJ-1er

(5) Die Dienstarten und -zeiten der Legende sind zu benutzen und für alle Mitarbeiter/innen des Wohnbereichs gültig.

(6) In den entsprechenden Spalten des Dienstplanformulars ist für jede/n Mitarbeiter/in der Stunden- und Urlaubsübertragung einzutragen.

(7) Für jede/n Mitarbeiter sind vier Zeilen in der Dienstplangestaltung vorgesehen. In der ersten Zeile steht der zu planende Dienst; die zweite und dritte Zeile sind für Änderungen im Laufe des Monats vorgesehen. In der vierten Zeile sind etwaige Überstunden einzutragen.

(8) Am Ende der geplanten Woche ist die Spalte „Wochenbilanz" (IST-Stunden pro Woche) entsprechend für jede/n Mitarbeiter auszufüllen.

(9) Am rechten Rand des Formulars sind für jede/n Mitarbeiter/in die „Stunden IST" – „Stunden SOLL" Spalten auszufüllen. Die Summen der Arbeitsstunden der IST-Dienste im Planungsmonat werden addiert mit dem Stundenübertrag aus dem Vormonat und in die Stunden-IST-Spalte eingetragen. Die Differenz zwischen Stunden SOLL und Stunden IST wird als Stundendifferenz in die entsprechenden Spalten des Dienstplanes eingetragen.

(10) In die erste Spalte der „Ausfallzeiten" sind die im laufenden Monat gewährten Urlaubstage einzutragen. In der zweiten Spalte der „Ausfallzeiten" ist die Differenz aus dem sich aus dem Urlaubsübertrag und den im laufenden Monat gewährten Urlaubstagen einzutragen.

(11) Nach Beendigung der Dienstplanerstellung sind die Anwesenheitsspalten am unteren Rand des Dienstplanes entsprechend auszufüllen.

(12) Zusätzlich wird in der Legende am oberen rechten Rand das Zeichen SX für Sonntags frei aufgenommen.

(13) In der Dienstplanung sind die Urlaubswünsche, Aus- und Weiterbildungstermine sowie eventuelle Wünsche der Mitarbeiter/innen zu berücksichtigen.

c) Der Dienstplan ist jeweils am 10. der Monate März, Juni, September und Dezember für das übernächste Quartal der Pflegedienstleitung, im Vertretungsfalle der stellvertretenden Pflegedienstleitung, zur Genehmigung vorzulegen. Die Pflegedienstleitung prüft den Dienstplan innerhalb von fünf Arbeitstagen im Hinblick auf die Übereinstimmung mit fachlichen Anforderungen und rechtlichen Rahmenbedingungen.

(1) Im Falle der Genehmigung erfolgt eine Gegenzeichnung des Dienstplanes durch die PDL. Diese erstellt sodann eine Kopie des Dienstplanes und übermittelt die Kopie unverzüglich dem Betriebsrat zur Kenntnisnahme und zum Verbleib. Das Original (weißes Blatt) verbleibt bei der PDL, der gelbe und der rote Durchschlag werden an die WBL zurückgereicht.

(2) Im Beanstandungsfalle weist die PDL die zuständige WBL an, den Dienstplan innerhalb von drei Arbeitstagen entsprechend zu ändern und erneut zur Genehmigung vorzulegen.

d) Am 20. des jeweiligen Monats (siehe Ziffer c)) sind der gelbe und der rote Durchschlag des Dienstplanes deckungsgleich von der WBL im Dienstzimmer des jeweiligen Wohnbereichs auszuhängen. Mit dem Aushang werden die Dienstpläne verbindlich.

e) Nach Ablauf des Geltungszeitraums ermittelt die zuständige WBL für jeden Mitarbeiter des Wohnbereichs den Stundenübertrag durch Addition der Stundendifferenz mit etwaigen Überstunden. Danach erhält die Pflegedienstleitung den roten Durchschlag; der gelbe Durchschlag verbleibt zur Ablage auf dem Wohnbereich.

f) Für die Erstellung des Dienstplanes für die Mitarbeiter des sozialen Dienstes gelten die vorstehenden Festlegungen sinngemäß. Der Dienstplan für die Mitarbeiter des sozialen Dienstes wird von der PDL erstellt.

§ 8
Dienstplanänderungen

a) Vertretungsprobleme sind von der jeweiligen Wohnbereichsleitung unter Heranziehung der tatsächlich auf dem entsprechenden Wohnbereich eingesetzten Mitarbeiter/innen nach Maßgabe dieser Betriebsvereinbarung sowie den Vorgaben des Arbeitszeitgesetzes zu regeln. Ist auf dem betroffenen Wohnbereich nicht genügend Personal zur vertretungsweisen Besetzung vorhanden, ist wohnbereichsübergreifend eine Vertretungsregelung zu treffen.

b) Die WBL ist verpflichtet, jegliche Dienstplanänderung unverzüglich, spätestens jedoch einen Werktag nach Kenntniserlangung des Grundes für die Dienstplanänderung dem Betriebsrat nach Maßgabe des beigefügten Musters schriftlich mitzuteilen. Nur dann, wenn eine Information des Betriebsrates zeitlich nicht möglich ist, ist dem Betriebsrat im Nachhinein unverzüglich die Mitteilung nach dem oben genannten Muster zukommen zu lassen. Diese Mitteilung umfasst den Namen des Vertretenen, des Vertreters sowie den betroffenen Dienst sowie etwaig hierdurch bedingte Überstunden.

c) Eine Kopie der Mitteilung an den Betriebsrat ist zeitgleich an die PDL oder im Vertretungsfalle der stellvertretenden PDL zu übermitteln. Sofern die von der WBL getroffene Vertretungsregelung mit fachlichen Anforderungen und/oder den rechtlichen Rahmenbedingungen nicht im Einklang steht, ist die PDL berechtigt, eine andere Einteilung vorzunehmen. In diesem Falle ist zeitgleich mit der zuständigen WBL und den betroffenen Mitarbeiter/innen der Betriebsrat schriftlich nach Maßgabe des beigefügten Musters zu informieren.
d) Sofern mit der Dienstplanänderung die Anordnung von Überstunden verbunden ist, bedarf es hierzu nicht der gesonderten Zustimmung des Betriebsrates. Die Betriebspartner sind sich darüber einig, dass durch die Vorlage der Änderungsmitteilung nach beigefügtem Muster die Mitbestimmungsrechte des Betriebsrates insoweit gewahrt sind.
e) Etwaige Überstunden sind entsprechend Ziffer 7. b). (7) dieser Betriebsvereinbarung im Dienstplan zu notieren.

§ 9
Inkrafttreten und Kündigungsfrist

Die Betriebsvereinbarung tritt am 1. 1. 2001 in Kraft.

Sie kann mit einer Frist von drei Monaten zum Ende eines Quartals gekündigt werden,

frühestens jedoch im 1. Quartal des Jahres 2002.

Es gibt folgende Übergangsregelung:

Die Dienstpläne für die Monate Januar, Februar und März 2001 werden jeweils zum 10. des Vormonats von der WBL erstellt.

Am 10. Februar 2001 wird der Dienstplan für das 2. Quartal 2001 von der WBL vorgelegt.

Der Arbeitgeber wird die Dienstpläne bis zum 31. 12. 2000 auf der Grundlage der betrieblichen Erfordernisse erstellen.

Die Beteiligten werden darauf hingewiesen, dass binnen einer Frist von 2 Wochen, vom Tage der Zuleitung des Spruchs an gerechnet, beim zuständigen Arbeitsgericht Gotha geltend gemacht werden kann, dass die Einigungsstelle die Grenzen ihres Ermessens überschritten hat (§ 76 Abs. 5 Satz 4 BetrVG).

Zu den Autoren

Linnenkohl, Karl, Jg. 1933, Dr. jur., Universitätsprofessor für Privatrecht, Arbeits- und Sozialrecht, Rechtsinformatik. Seit 1971 an der Universität-Gesamthochschule Kassel. Von 1992 bis 1994 Wahrnehmung einer Vertretungsprofessur an der Technischen Universität Ilmenau. Arbeitsschwerpunkte: Fragen des Rechts der Informationsverarbeitung (Rechtsinformatik), des Arbeitszeitrechts und Fragen des Personalmanagements, soweit es um den Grenzbereich zwischen Betriebswirtschaftslehre und Rechtswissenschaft geht. Nach dem Ausscheiden aus dem aktiven Dienst weiterhin in Lehre und Wissenschaft sowie freiberuflich als Rechtsanwalt und Gutachter tätig.

Rauschenberg, Hans-Jürgen, Jg. 1956, Dr. rer. pol., Assessor, Studium der Rechtswissenschaft in Frankfurt a. M.; Personalleiter (Metall-Industrie); wissenschaftlicher Mitarbeiter beim Bundesarbeitsgericht (BAG), Kassel; ab 1990 Assistent an der Universität Kassel. Seit 1991 Richter beim Arbeitsgericht Berlin, z. Zt. beim Arbeitsgericht Suhl (Thür.). Zahlreiche Veröffentlichungen im Betriebs-Berater (BB), in der Neuen Zeitschrift für Arbeits- und Sozialrecht (NZA) sowie in der Zeitschrift Recht der Datenverarbeitung (RDV) zu Fragen des Informations- und Arbeitszeitrechts.

Gressierer, Christine, Dr. rer. pol., Diplom-Ökonomin. Studium der Wirtschaftswissenschaften mit dem Schwerpunkt Personalwirtschaft und Arbeitsökonomie an der Universität Kassel mit anschließender Promotion. Tätigkeit im Consultingbereich. Verfasserin einschlägiger Publikationen.

Schütz, Regina, Jg. 1959, Dr. rer. pol., Diplom-Ökonomin. Studium und Promotion an der Universität-Gesamthochschule Kassel (GhK), wissenschaftl. Mitarbeiterin am Lehrstuhl für Zivil-, Arbeits- und Sozialrecht u. Datenschutzrecht der GhK sowie an zwei DFG-Projekten zu Fragen der Mitbestimmung und der Arbeitszeitregelungen in den neuen Bundesländern, Durchführung und Begleitung von Seminaren und Vorlesungen an der GhK sowie verschiedenen privaten Einrichtungen, Veröffentlichungen im Betriebs-Berater (BB), Der Neuen Zeitschrift für Arbeits- und Sozialrecht (NZA) sowie der Zeitschrift Recht der Datenverarbeitung (RDV) zu Fragen des Informationsrechts.

Literaturverzeichnis

Adamski, Bernhard	Praktisches Arbeitszeitmanagement, 1998.
Boemke/Föhr	Arbeitsformen der Zukunft, 1999.
Boemke/Kaufmann	Der Telearbeitsvertrag (Heidelberger Musterverträge, Heft 100), 2000.
Brötzmann/Martiny	Der Jahresarbeitszeitvertrag (Heidelberger Musterverträge, Heft 87), 2. Aufl., 2000.
Bundesministerium für Arbeit und Sozialordnung	Forschungsbericht 281 (Dokumentation Arbeitszeit – Praxisbeispiele), 2000.
Buschmann/Ulber	Das Arbeitszeitgesetz, 2. Aufl., 1999.
DKK	Kommentar zum Betriebsverfassungsgesetz, 6. Aufl., Frankfurt a. M. 1998.
Fiedler-Winter, Rosemarie	Flexible Arbeitszeiten, 1995.
Fitting/Kaiser/Heither/Engels	Betriebsverfassungsgesetz, 18. Aufl., 1996.
Hamm, Ingo	Flexible Arbeitszeiten in der Praxis, 1999.
Linnenkohl, Karl	Arbeitszeitflexibilisierung, betriebliche Virtualisierung und neue Selbständigkeit, in: Schriften zur Rechtspolitik 11, hrg. von Johannes W. Pilcher, 1999, S. 133–148.
Neumann/Biebl	Arbeitszeitgesetz, 12. Aufl., 1995.
Pekran	Das Deutsche Wort, 4. Aufl., 1966.
Pulte, Peter	Altersteilzeit (Heidelberger Musterverträge, Heft 106), 2001.
Pulte/Mensler	Variable Arbeitszeitgestaltung (Heidelberger Musterverträge, Heft 98), 1999.
Rauschenberg	Flexibilisierung und Neugestaltung der Arbeitszeit, 1992.
Schaub	Arbeitsrechtshandbuch, 9. Aufl., München 1999.
Terriet, Bernhard	Neue Strukturen der Arbeitszeitverteilung – Möglichkeiten, Voraussetzungen und Konsequenzen – (Kommission für wirtschaftlichen und sozialen Wandel 72), 1976.
Wagner, Dieter (Hrsg.)	Arbeitszeitmodelle, Göttingen 1995.
Zmarzlik/Anzinger	Kommentar zum Arbeitszeitgesetz, 1995.

Sachregister